中专房地产经济与管理 物业管理专业教学丛书

城市房地产行政管理

天津市房地产管理局职工大学　孟广中　　　　主编

天津市房地产管理局职工大学　孟广中　孟昭瑞　　编

天津市房地产管理学校　石信谊

天津市房地产管理局职工大学　张志中　　　　主审

中国建筑工业出版社

图书在版编目（CIP）数据

城市房地产行政管理/孟广中主编·—北京：中国建筑
工业出版社，1997
（中专房地产经济与管理、物业管理专业教学丛书）
ISBN 7-112-03169-9

Ⅰ．城… Ⅱ．孟… Ⅲ．房地产-行政管理-中国-专业学
校-教学参考资料 Ⅳ．F299.23

中国版本图书馆 CIP 数据核字（97）第 04568 号

中专房地产经济与管理 物业管理专业教学丛书
城市房地产行政管理

天津市房地产管理局职工大学	孟广中	主编
天津市房地产管理局职工大学	孟广中　孟昭瑞	编
天津市房地产管理学校	石信谊	
天津市房地产管理局职工大学	张志中	主审

*

中国建筑工业出版社出版、发行（北京西郊百万庄）
新华书店经销
北京建筑工业印刷厂印刷

*

开本：787×1092毫米　1/16　印张：10¾　字数：258千字
1997年7月第一版　2006年12月第十次印刷
印数：22,601—23,600册　定价：15.00元
ISBN 7-112-03169-9
F·249 (8309)

本书以社会主义市场经济理论为指导，以《城市房地产管理法》为依据，结合我国房地产行政管理实际，对有关基本知识、基本理论和实务，诸如房地产行政管理的职能和任务、房地产产权产籍管理、地产行政管理、房产行政管理、房地产开发管理、市场管理、行业管理、行政管理体制和经济体制改革等内容，做了比较详细的介绍。本书为中等专业学校房地产经济与管理、物业管理专业教学丛书，也可供从事房地产经济和管理工作的人员参考。

出 版 说 明

为适应全国建设类中等专业学校房地产经济与管理专业和物业管理专业的教学需要，由建设部中等专业学校房地产管理专业指导委员会组织编写、评审、推荐出版了"中专房地产经济与管理、物业管理专业教学丛书"一套，即《物业管理》、《房地产金融》、《城市土地管理》、《房地产综合开发》、《房地产投资项目分析》、《房地产市场营销》、《房地产经纪人与管理》、《房地产经济学》、《房地产法规》、《城市房地产行政管理》共10册。

该套教学丛书的编写采用了国家颁发的现行法规和有关文件、规定，内容符合《中等专业学校房地产经济与管理专业教育标准》、《中等专业学校物业管理专业教育标准》和《普通中等专业学校房地产经济与管理专业培养方案》及《普通中等专业学校物业管理专业培养方案》的要求，理论联系实际，取材适当，反映了当前房地产管理和物业管理的先进水平。

该套教学丛书本着深化中专教育教学改革的要求，注重能力的培养，具有可读性和可操作性等特点。适用于普通中等专业学校房地产经济与管理专业和物业管理专业的教学，也能满足职工中专、电视函授中专、职业高中、中专自学考试、专业证书和岗位培训等各类中专层次相应专业的使用要求。

该套教学丛书在编写和审定过程中，得到了天津市房地产管理学校、广州市土地房产管理学校、江苏省城镇建设学校、上海市房地产管理学校和四川省建筑工程学校等单位及有关专家的大力支持和帮助，并经高级讲师张怡朋、温小明、高级经济师刘正德、高级讲师吴延广、袁建新等人的认真审阅及提出了具体的修改意见和建议，在此一并表示感谢。请各校师生和广大读者在使用过程中提出宝贵意见，以便今后进一步修改。

建设部人事教育劳动司

1997 年 6 月 18 日

前　言

　　本书是在 1992 年原编教材的基础上，根据建设部颁发的中等专业学校房地产经济与管理新的教学计划和房地产行政管理课程教学大纲重新编写的，并经建设部中等专业学校房地产专业教学指导委员会评审。

　　本教材结合近几年来我国社会主义经济体制改革的进程，以社会主义市场经济理论为指导，以《中华人民共和国城市房地产管理法》为依据，结合我国房地产行政管理实际，对一些基本理论和实务作了比较系统的介绍，力求作到实事求是，理论联系实际，强调可操作性，以达到学以致用的目的。

　　本书由天津市房地产管理局职工大学和天津市房地产管理学校组织编写。教材第五章、第六章由石信谊编写，第九章、第十章由孟昭瑞编写，其余各章节由孟广中编写，由张志中主审。在教材编写过程中承蒙有关领导和同志们的关怀指导和支持；另外国内外有关专家、学者研究的成果也为本书编写提供有益的帮助，对此一并表示深切的谢忱。

　　随着我国经济体制改革的深入进行，房地产行政管理面临许多新的理论和实践问题，有待进一步研究探讨，本书编写时间仓促，加以水平所限，缺点错误在所难免，诚恳期望读者和专家批评指正。

目　录

第一章 绪 论

城市房地产行政管理是国家对房地产经济事务的管理，是政府重要职能之一。行政管理属于上层建筑的一部分，对房地产经济起着主导和宏观的调控作用。强化房地产行政管理，为合理配置房地产资源，搞活房地产经济，促进房地产行业的发展提供良好的外部条件，对于胜利完成我国国民经济计划和社会发展十年规划，到本世纪末达到住房小康水平，为跨世纪房地产经济的发展打好基础，并为适应社会主义市场经济体制的需要，在国民经济中发挥支柱作用。

第一节 城市房地产行政管理概述

一、城市房地产行政管理的含义

行政，也称行政管理。

行政管理是国家事务的管理。马克思说："行政是国家的组织活动"（《马克思、恩格斯全集》第一卷第 479 页）。行政管理是一项国家的职能，它是指国家为了贯彻执行方针、政策，通过行政机关，对全国范围内各方面的事务进行有效地组织和协调各种管理活动的总称。

城市房地产行政管理是国家对城市房地产经济事务的管理，是国家权力在房地产经济领域的实现。即国家通过政府房地产行政机关，运用政府的职权，依据方针、政策、法律、法令，对城市房地产经济事务、房地产全行业、进行决策、组织、指挥、协调、控制等的管理活动，其目的是通过行政管理，加强宏观调控，改革行政体制，提高行政效率，实现房地产管理的现代化、科学化和法制化，在不断提高社会生产力的基础上，不断提高人民的居住生活水平。

房地产行政管理是政府对房地产经济的宏观管理，其特点是在民主集中制的基础上，以上级的权威和下级的服从为前提，运用国家的权力，指导并服务于全社会、全行业，进行管理活动，并且具有强制性。

二、城市房地产行政管理的性质、地位和作用

（一）城市房地产行政管理的性质

对于城市房地产行政管理的性质，可以从以下几个方面把握：

1. 房地产行政的主体

房地产行政的主体是国家。国家通过房地产行政部门，以政府的名义实施房地产行政管理。从狭义上讲，房地产行政部门包括中央和地方房地产行政主管部门；从广义上讲，房地产行政主体还包括由国家依法授权或委托的其他行政机关和部门。

2. 房地产行政管理的对象

房地产行政管理的对象是房地产经济事务，主要是指由房地产所涉及到的社会经济关系，包括房地产的开发、流通和消费等再生产的关系。

房地产，是指土地、建筑物及固着在土地、建筑物上不可分离的部分。房地产是最基本的生产要素，也是最基本的生活资料。在市场经济中，房地产是一种商品，是人们最重要、最具体的财产形式。

房地产由于其位置的固定性，不可移动性，在法律上又称为不动产。

近年来，在房地产领域又出现了"物业"这一概念，由香港传到深圳和全国各地。"物业"是指单元性的地产及附着于其上的房产及其周围的环境。

房地产存在的形式，简单地说，可以分为三种：

（1）单纯的土地，如城市内的地产；

（2）单纯的建筑物，如在特定的情况下把地上建筑物单独看待；

（3）土地与地上物结合的房地产，即把土地和建筑物作为一个整体来考虑。

以上说明，土地和建筑物既有各自独立的物质内容，又是一个密不可分的整体。因而对于房地产管理的研究，必须把房产和地产结合在一起考虑，不能孤立地进行。因为城市土地不同于用作耕耘的农村土地，城市土地主要起载受力的作用，房屋是土地的定着物，在自然形态上，房依地建，地为房载，连接一起，密不可分，统称为不动产，它们表现社会关系和经济关系互相联系，互相影响。例如同样建筑结构的房屋，由于坐落地点不同而价格相差悬殊，实际是级差地租的体现。又如一般的土地，由于基础设施建设和房屋的大量兴建，土地价值的扩散作用，而导致地价飞涨，实际是房产开发的结果。再看市场流通问题，由于房屋所有权的转移，必然导致土地使用权的让渡。事实证明，单纯的地产市场是存在的，但单纯的房产市场并不存在。由此可见，对房产和地产必须密切结合在一起综合分析，否则就无法了解其内在的联系和规律性。

房地产行政管理的对象是房产和地产。但研究的重点不是房地产的自然形态，而是它们的社会经济形态，从经济形态考察房地产再生产关系和研究相应的管理政策。

房地产行政管理的对象不仅是物，也必然涉及到人（包括所有人、使用人和经营人等），涉及到房地产全行业等的商品经济活动。因为人的一切活动关系在社会经济发展中起主导作用，没有人的活动，社会经济的发展是不可想象的。

3. 城市房地产行政管理的目标

城市房地产行政管理的目标是通过房地产经济体制和房地产管理体制的改革，提高行政效率，实现房地产管理的现代化、科学化和法制化，强化房地产的社会管理，搞活房地产经济，促进房地产业的发展，加速国民经济建设的步伐。

实现房地产管理的现代化，就是随着城市建设的发展和科学技术的不断进步，房地产行政管理应逐步实现思想、体制、方法、手段的变革，迅速赶上并达到当代先进水平，以适应经济建设的需要。

实现房地产行政管理的科学化，就是改善行政组织，完善行政体系，采用当代的科学管理办法，建立和健全决策部门、执行部门、监督部门和信息咨询部门，组成坚强的行政机构，实现科学管理，以保证决策目标的实现。

实现房地产行政管理的法制化，就是房地产行政管理要体现人民的意志和整体利益，建章立制，严格依法办事，不允许任何人随心所欲，违反法律，从而有效地保护人民的利益，打击敌人，惩罚罪犯，才能维护政府的权威和社会的安定团结，保障社会主义建设的顺利进行。

4. 房地产行政管理的依据

城市房地产行政管理的依据是房地产法律规范。

我国社会主义房地产法律规范是在生产资料公有制的基础上建立起来的，调整房地产开发建设、流通和消费等经济关系的法律规范，是对房地产经济进行宏观调控的准则和微观管理的法律依据。

房地产行政管理必须依法推行政务，依法实施管理，这是行政管理的本质要求和具有权威性的基础。

5. 城市房地产行政管理的运行过程

城市房地产行政管理的运行过程是对全社会和房地产全行业房地产经济活动所进行的决策、规划、组织、协调和控制等一系列的组织活动，各个环节之间互相联系，组成一个有机的整体，实现房地产行政管理的最佳结合和良性循环。

由此可见，房地产行政管理是国家对房地产经济事务的管理。房地产行政管理在房地产经济领域中起主导作用，是政府对城市管理的重要组成部分，关系到房地产经济的全局，影响着国民经济的建设和社会的发展。

（二）城市房地产行政管理的地位

城市房地产行政管理的地位非常重要，它是上层建筑的一个组成部分。

人类社会是由许多不同的要素和过程构成的复杂体系，这些要素和过程的相互影响，形成一定的因果关系，社会的发展存在着客观必然性。社会经济基础决定上层建筑，同时上层建筑又对经济基础起重要的反作用。房地产行政管理既然是上层建筑的组成部分，其实践活动，对于房地产经济和社会的发展，就可能起到积极的推动作用，也可能起到消极的阻碍作用。因而社会主义房地产行政管理就是要运用国家的权力，有效地组织和管理，不断地调整房地产方面的生产关系同生产力、上层建筑同经济基础以及上层建筑自身各个环节的矛盾，改革某些不适应的部分，按社会主义经济规律来组织整个房地产经济和社会生活，推动社会的发展。

经验证明，在社会发展中，管理是社会生产活动不可缺少的要素，在国家存在的历史条件下，国家管理在整个社会管理中居于重要的地位。社会主义房地产行政管理是国家机器的职能之一，是人民运用上层建筑因素作用于经济基础和社会生活最普遍、最经常和最直接的实践活动，它是支持整个房地产经济和社会活动的一个重要杠杆，是控制和支配社会房地产经济活动的管理中心。房地产行政管理应如何设计和应用，才能更有效地发挥作用，是一个关键性的问题，只有正确解决这个问题，才能充分发挥社会主义制度的优越性。

（三）城市房地产行政管理的作用

房地产行政管理的作用具体表现如以下几个方面：

1. 房地产行政管理是动员各个方面完成统一任务的重要手段。

有科学的依据，符合人民利益和实际需要的命令、指示、规定，使人们有目标、有规范、统一认识、统一活动，能够调动各地区、各单位和广大人民的积极性，保证管理任务的完成。

2. 房地产行政管理能够有力地贯彻党和国家的路线、方针、政策，对重大问题采取国家直接控制，并通过实现指令性计划，保证房地产业发展的社会主义方向，坚持社会主义道路。

3. 强有力的房地产行业管理，担负着指导、控制、协调各部门、各地区、各企业之间的经济活动，调节各部门、各地区房地产经济发展水平，扶持落后部门和薄弱环节，完成房地产经济管理活动的任务。

4. 发挥行政干预的调节作用。由于人们对客观经济规律的认识和运用需要有一个过程，所以在经济建设指导思想和实际工作中可能出现失误或其他原因，以致于出现一些问题。为了克服这些缺点错误，采取必要的行政手段和行政干预予以调节，将会收效更大。此外，遇有一些情况，阻力较大，则非采取下命令和行政干预的办法不可，如1993年政府对房地产市场进行宏观调控，纠正了房地产行业发展的"过热"现象，使房地产经济沿着正确的道路健康发展。

第二节　城市房地产行政管理的基本原则和方法

一、城市房地产行政管理的基本原则

我国城市房地产行政管理是按照国家利益和广大人民群众利益相一致以及行政活动的宏观规律进行管理活动的，因而必须遵循一系列的管理原则。

城市房地产行政管理必须坚持四项基本原则，即坚持社会主义道路，坚持人民民主专政，坚持党的领导，坚持马克思列宁主义、毛泽东思想。四项基本原则是指导我们国家社会主义建设的总原则，是我们治国之本，是我国的行政管理的根本指导思想。同时城市房地产行政管理必须根据行政活动的特点，确立具体的指导原则，有效地组织管理活动。

（一）民主集中制的原则

我国《宪法》规定："中华人民共和国的国家机构实行民主集中制的原则。"房地产行政机关的管理活动自然也要遵循这条原则，社会主义国家行政机关组织与活动中的民主集中制包括民主与集中两个方面，即在民主的基础上集中，在集中指导下的民主，民主与集中相结合的制度。

房地产行政管理工作中的民主集中制原则主要要求是：

1. 表现在权力机关和行政机关的关系上。权力机关组织领导、监督行政机关，行政机关是国家权力机关的执行机关。

2. 表现在中央和地方房地产行政机关、上级机关和下级机关的关系上。下级要服从上级，地方要服从中央。上级机关的决议，指示对下级机关具有约束力，下级机关必须遵守。同时，中央和上级行政机关也要尊重地方和下级机关的意见和要求，充分发挥地方行政机关的积极性，把全国统一的计划和各种各样的地方条件结合起来，在中央的统一领导下，给地方适当的权力根据本地的实际条件，独立自主地搞好本地区的房地产行政管理工作。

3. 地方房地产行政管理机构实行的双重领导制，它们既受中央和上级房地产行政机关的领导，又要受当地政府的领导。

4. 房地产行政机关内部实行集体领导和首长个人负责制相结合的领导体制。对于有关

政策和原则性的问题以及其他重大问题要进行集体讨论，共同研究，然后作出决议。但在执行决议时，必须服从首长的命令和指挥。行政机关的首长对其所担负的任务全部负责。

5. 所有房地产行政机关的工作人员都必须遵守法律、法令和行政管理法规，服从房地产行政机关的组织与领导，房地产行政机关也必须保障公民的各种民主权利得以实现。

民主集中制的原则，体现了我国房地产行政管理工作中少数服从多数，反对个人专断，又体现了统一领导，反对各自为政。既要反对官僚主义、命令主义，又要反对无政府主义、极端民主化的倾向，把高度的民主和高度的集中统一起来。

（二）群众参加管理的原则

群众参加管理是社会主义国家行政管理区别于资本主义国家行政管理的根本标志，也是社会主义国家行政管理的基本原则。房地产行政管理涉及每个人的利益，是一项群众性很强的工作，尤需吸收群众参加。

群众参加行政管理，是社会主义国家的根本要求。在社会主义国家里，人民是国家的主人，人民群众参加房地产行政管理，是保证社会主义国家房地产行政管理高效率的重要条件，人民群众的智慧和创造力是无穷无尽的，只有人民群众参加管理，才能更好地完成各项任务。反之，行政机关脱离群众或得不到群众的支持，必将一事无成。由此可见群众参加管理是房地产行政机关克服官僚主义不断改进工作，提高工作效率，发挥创造力的源泉。

（三）社会主义法制原则

法制原则是社会主义房地产行政管理的一项重要原则。社会主义国家行政管理是按照广大人民群众的意志来进行的。但是这种意志必须通过法律来确定。

房地产行政管理只有按照法律办事，才能保证贯彻人民的意志，体现人民的利益。

社会主义国家房地产行政管理的法制原则就是要做到：有法可依，有法必依，执法必严，违法必究。

有法可依，就是要使房地产行政管理法律、法规完善化，建立行政管理活动中据以遵循的、完备的、切合实际的法律和制度。对于房地产行政管理必须建立健全的法律、法规。

有法必依，就是要依法行政，房地产行政机关和其工作人员都必须依法办事。行政管理就是执行法律的活动。一切行政管理必须依法进行，任何机关和工作人员都不能享有法律规定以外的特权，也不能随意免除法律规定的义务。

执法必严，就是严肃地、严格地执行法律，任何房地产行政机关和其工作人员都必须严格依法行政，用法律规范自身的一切活动。

违法必究，就是对违法者必须追究法律责任，不允许法律的统一与尊严受到破坏，故此，必须加强法制监督，同一切违反法律的行为进行斗争，对于利用房地产进行非法牟利，侵犯公、私财物等行为，对于严重失职违反法律的行政人员，必须依法制裁。

上述法制原则，中心是依法办事，必须肃清长期存在的法律虚无主义的流毒，加强法制观念，一方面不断完善社会主义法律制度，加强房地产行政立法；另一方面，房地产行政管理机关及其工作人员在工作中必须严格执行法律，切实依法办事。

（四）遵循经济规律的原则

经济规律是不依人们的意志为转移的客观规律，人们能发现它，研究它，但不能创造它。前一时期，有的人忘掉了这条基本原则，以政府意志，长官意志行事，认为经济规律可因政治需要而改变。他们习惯于说了算，随心所欲，包揽一切，使经济工作受到严重破坏，因而受到客观规律的惩罚。恩格斯指出："国家权力可以帮助经济发展的比较快，但也可沿着相反的方向起作用。"

前一时期，我们国家实行政企不分的经济体制，企业是国家行政机关的基层组织，国家行政机关是企业的领导者，行使管理的职能时，把行政管理和经济管理混同起来，加上旧的封建残余，衙门作风和旧生产习惯势力的祸害，使这种管理具有特别顽固性，对经济管理，越管越死。

当然，国家必须管理经济，管理企业。没有法律制度，经济工作、企业的经营就没有规范；没有指令性计划，关系到国计民生的生产资料和生活资料就没有保证；没有强大的政治思想工作，就没有方向和动力。行政管理永远是需要的。用经济办法管理经济绝不是否定行政管理，它们两者之间的关系绝不是互相排斥、相互对立的，而是相辅相成，互相结合的。

关于用行政办法和经济办法，都是为了实现某种既定的目标而采取的程序、措施和手段。二者的区别在于，用行政办法就是通过行政系统，采用行政手段对经济活动进行干预，使之按照规定的目标行事、其特点是具有强制性和权威性，下级必须服从，一般不以经济利益的大小为转移。所谓经济办法就是通过各种经济机构，利用各种经济杠杆，对客观活动施加影响，使之朝着最大经济效益的方向发展，特点是具有诱导性和灵活性，但经济组织应对其经济后果承担经济责任。

显然要以诱导性干预为主，就应该按照社会生产过程中的内在联系，按照社会主义原则自愿、自觉行事，使人们从物质的利益去关心自己经营效益和劳动贡献，促进生产发展。所以经济办法管理经济的核心，就是全面物质利益原则，正确处理各部分劳动者之间的经济利益关系。

经济办法的内容和实质表现在当前——我国社会主义市场经济是以生产资料公有制为基础，多种所有制并存的商品经济。整个国民经济实行国家宏观调控和管理。为了使管理收到实效，不能单纯依靠行政手段，必须充分利用各种经济办法。广义地说，包括经济政策、经济立法、经济计划、经济体制、经济核算和经济责任制等；狭义地说，是指国家用以影响和调节社会生产、交换、分配、消费的总体和某些方面的经济杠杆，如价格、税收、信贷、利息、工资和奖金等。

（五）政企职责分开的原则

政企职责分开，是正确发挥政府机构管理经济的职能和切实保证企业生产经营自主权的一条重要原则。

在房地产经济管理工作中存在着两种不同形式的管理，即房地产行政管理和房地产企业管理。它们二者之间的关系非常密切，它们管理的对象和内容，很多属于同一类型的问题，但是两者管理的性质不同，管理的范围不同，管理的方法手段也不尽相同，因而有着明显的区别。

它们的区别在于房地产行政管理是政府的职能，属于上层建筑范畴，是一种宏观和中观经济管理，即国家为实现预定的目标，通过政府房地产行政机关，面向全社会、全行业，采用行政方式实施的全面管理；房地产企业管理则是企业的职能，是属于经济基础范畴，是一种微观经济管理，即经济实体为实现经济效益（也要考虑社会效益和环境效益），采用经济方法为主，对企业本身经济行为实施的管理，正确划分二者的界限，对于实行政企分开，不仅具有理论意义，而且具有重大的实践意义。

领导和组织经济建设，是社会主义国家的一项基本职能，建国以来，我国政府机构起着重大作用。但是在相当长的时间内，由于把社会主义国家管理经济，等同于各级政府机构直接掌管企业的生产经营，形成政企不分，使企业实际上成了行政组织的附属物，束缚了企业的手脚，严重妨碍了企业积极性的发挥。政企不分还使行政机关陷在直管公房的小圈子里，也影响了政府职能的实施。

同时，政企不分是造成吃大锅饭的根源。房地产经营，在系统内部统收统支，不计成本，不讲核算，政策性亏损掩盖了经营不善造成的亏损，甚至出现浪费越大，产值越高，任务完成"越好"的怪现象。

政企不分还造成条块分割，互相扯皮现象。难以形成统一的指挥系统。因此，必须坚持政企职责分开，加强宏观管理，才能搞活房地产经济。

（六）适应社会主义市场经济体制的原则

社会主义市场经济体制是我国现时正在建立的具有中国特色的经济体制。其特点，在所有制方面，实行以公有制为主的多种所有制形式并存。在分配制度方面，实行以按劳分配为主的多种分配形式并存。在经济运行机制方面，实行计划调节和市场调节相结合的机制。社会主义市场经济体制的建立，对于我国加速实现社会主义现代化建设，具有战略意义。并为房地产行政管理指明了方向和道路，因而房地产行政管理必须适应社会主义市场经济体制的要求，建立各项管理制度。

二、房地产行政管理的方法

房地产行政管理的方法是指实施行政管理所采取的有条理有系统的途径和措施。房地产行政管理的方法与房地产行政管理的任务和原则密切联系。房地产行政管理的原则对于行政管理的方法具有指导作用，同时行政方法又为实现行政原则服务，并能决定完成任务的好坏，有了好的行政方法就能高效优质地完成行政管理任务。

房地产行政管理的方法，从不同的角度看可以分为以下几种：

从其作用的普遍程度，可以分为某些国家特有的方法和一般国家共有的方法。如群众路线和群众观点的方法，就是我国历来坚持的方法。而诸如目标管理法等就是一般国家共有的方法。从行政管理方法的基础来看，因其科学理论不同，可分为心理学方法，社会学方法、系统科学方法等。

当代科学技术的进步，一些现代化的科学管理方法被引用到行政管理上来，发挥了极大的作用，提高了行政管理的水平。如系统分析方法、行政决策方法、网络规划技术以及行为科学等方法。

我国一贯重视思想政治工作，对于房地产行政管理要注意工作方法，讲求实效，充分调动人的积极性，发挥能动作用，以便更好地完成行政任务。

第三节 城市房地产行政与房地产法规

房地产法规是房地产行政管理的依据，市场经济实质上是"法治经济"。它客观上要求用法律的形式来全面规范社会经济活动中各个主体的权利、义务和行为规则并规范政府的行为。因而房地产行政管理必须在宪法和法律范围内进行，只有这样，才能使房地产行政管理工作更具有规范性、权威性和强制性。

一、房地产法的渊源

房地产法的渊源，是指由不同国家机关依法制定的具有不同法律效力，不同类别的规范性文件。具体地说，是指我国最高国家权力机关和其他有权机关制定的各种规范性文件所表现的不同形式。只有国家机关依照法定程序和权限范围制定的具有要求人们普遍遵守性质的规范性文件，才是法律渊源。

1.《宪法》

《宪法》是我国的根本大法，是我国法律的最主要、最高的渊源，具有最高的法律效力。《宪法》第十条规定：城市的土地属于国家所有。

农村和城市郊区的土地，除由法律规定属于国家所有的以外，属于集体所有；宅基地和自留地、自留山，也属于集体所有。

国家为了公共利益的需要，可以依照法律规定对土地实行征用。

任何组织或者个人不得侵占、买卖或者以其他形式非法转让土地。土地的使用权可以依照法律的规定转让。

2. 法律

法律是由国家最高权力机关全国人民代表大会及其常务委员会制定、颁布的规范性文件的总称，包括全国人大及其常委会作出的具有规范性的决议、决定等。其法律效力和地位仅次于《宪法》。

目前我国颁布的房地产法律有：《中华人民共和国城市房地产管理法》、《中华人民共和国土地管理法》、《中华人民共和国城市规划法》。这三部法律密切联系，相辅相成，标志着我国房地产业的发展进入法制管理的新时期。

3. 行政法规

行政法规是国家最高行政机关国务院依据《宪法》和法律制定的有关国家行政管理活动的规范性文件，包括条例、规定、办法三种形式。行政法规的地位和效力低于《宪法》和法律。

目前我国颁布的房地产行政法规有：《城市私有房屋管理条例》、《中华人民共和国土地管理法实施条例》等等。

4. 地方性法规和其他规范性法律文件

地方性法规主要是指省、自治区、直辖市的人民代表大会及其常委会依据宪法、法律和行政法规，结合本辖区具体情况制定和发布的，只在本辖区内有效力的规范性文件。此外，省、自治区的人民政府所在地的市和经国务院批准的较大市的人大及其常委会，也可在一定条件下制定本市需要的地方性法规。地方性法规不得同宪法、法律、行政法规相抵触。除了地方性法规之外，地方各级人民代表大会及其常委会、地方各级人民政府依法颁布的具有规范性的决议、决定和命令，也属于法的渊源。

目前我国各省、自治区、直辖市已制定了许多的房地产行政法规。

5. 民族自治地方的自治条例和单行条例

我国民族自治地方的自治法规，包括自治条例和单行条例，是由民族自治地方人民代表大会制定的规范性文件，它同地方性法规具有同等的地位和法律效力。

我国民族自治地方也制定了一些房地产行政法规。

除此以外，我国的部门法中的许多规定，也是房地产行政管理必须遵守的准则。如民法、继承法、婚姻法，行政诉讼法、民事诉讼法、刑事诉讼法等等。

二、房地产行政和房地产法律、法规

房地产行政离不开房地产法律、法规。

首先，凡是房地产行政行为，不论是对房地产产业管理，还是对房地产市场管理；不论是对房地产行业管理，还是对房地产专业人才管理，都必须遵守房地产法律、法规。即一切房地产行政行为，都必须以法律为依据。只有这样，房地产行政管理才能发生作用和效力。

其次，房地产法律、法规的制定，又依赖房地产行政。因为，有了房地产行政管理中的各种法律关系，只有充分了解和研究这样法律关系的情况，才能正确制定房地产法律规范。

最后，房地产法律、法规和房地产行政管理，都是国家政权强制性力量的组成部分。国家政权通过房地产法律、法规实现城市土地的国有化，奠定了房地产所有制结构中全民所有制的主导地位，保证我国房地产经济的社会主义性质。

总之，在房地产行政管理工作中，必须严格执行法律，运用法律，保证法律的实现。

三、房地产法律、法规的编纂

法典编纂是指对现行的法律规范进行整理、加工，它不仅要整理现有的法律文件，而且要对其内容进行修改、补充。要删除其中已不适用的内容，修改相互矛盾、冲突或重叠的部分，补充必要的新的规范，填补空白，协调法规之间的关系，使之形成一个以某些共同原则出发的、有内在联系的、和谐一致的统一体。

不难看出，现有的房地产法律、法规中有许多已不适宜的内容，且有许多相互矛盾、冲突或重叠的部分，所以进行房地产法律、法规的编纂工作是非常必要的。这样才能使房地产行政管理真正做到有法可依，有法必依，执法必严，违法必究。目前我国房地产法律体系的基本建立，已为房地产行业的健康发展创造了良好的环境。

第四节　城市房地产行政管理的职能和手段

一、城市房地产行政管理的职能

城市房地产行政管理的职能是指房地产行政管理本身所具有的功能和作用以及房地产行政机关为实现其管理任务而进行的职务活动。

原有的房地产行政职能是在高度集权的体制下形成的，即主要依靠指令性计划推行政务，行政管理的范围狭小，管理行为微观化。重点仅限于直管公房的小圈子，而且管得过滥过死，影响了企业和职工积极性的发挥。二是房地产所有权和经营权一体化，实行政企

不分、条块分割，影响了主管部门的社会管理、行业管理职能的行使。加以多年来，房地产行政管理机构变动频繁，有的以政代企，有的以企代政，有的甚至裁并、撤销，缺乏科学性和稳定性，很难成为强有力的行政机构，影响政府的威信和房地产行政管理的形象。

为了理顺房地产行政管理关系，必须抓住职能转变这个关键，由直接管理变为间接管理，调整行政职能，实行政策指导、行政立法、统筹规划、组织协调、服务监督。

（一）政策指导

政府的首要职能就是方针政策的制定和贯彻执行。房地产行政机关要在调查研究的基础上，从实际出发，制定房地产管理的各项方针、政策，并在执行过程中进行指导和协调。

（二）行政立法

政府行政机关，在国家授予权限范围内，根据《宪法》、有关法律的基本原则，以及党和政府的有关方针政策，制定房地产行政法规。全国性的房地产法规一般由国务院及主管部委制定。地方性法规由地方人民代表大会及其常务委员会地方政府制定。城市房地产主管部门有权制定有关房地产管理的具体办法。行政立法是使房地产政策的具体化、条文化，因而规定要明确具体，具有透明度、稳定性和普遍的约束力。

房地产行政法规是房地产行政管理的依据，房地产行政是房地产法规的执行，因而受到房地产法规的制约，只能在法定的范围内进行活动。

（三）统筹规划

就是根据社会主义经济建设方针和发展战略，制定有科学依据的长期、中期和短期的发展计划，在综合平衡的基础上，统筹安排各地区、各部门、各行业的发展目标，采取相应的经济、技术和组织措施，动员各方积极努力实现目标。

（四）组织协调

就是按照社会主义经济发展要求，对工作中不断出现的矛盾，通过行政手段、经济杠杆以及依靠国家掌握的物质力量，及时进行协调，使之健康有序地发展。

（五）服务监督

服务和监督是房地产行政管理不可缺少的重要职能之一，是正确贯彻房地产法规的保证措施，过去往往被人们忽视。

作为房地产行政机关，不能高高在上，必须面向基层，为基层服务。如贯彻有关方针政策、交流经验，提供信息，以及进行人员培训和咨询服务等。检查和监督是自上而下的管理职能，加强检查监督可以了解方针政策贯彻执行的情况，及时发现问题，制止违法现象的发生。

房地产管理部门的工作是大量的、复杂和艰巨的，必须实行政企分设，简政放权，才能在国民经济建设中发挥巨大的作用。

二、城市房地产行政管理的调节手段

（一）房地产行政管理的调节手段

政府对于城市房地产经济的管理，通常采用行政手段、经济手段和法律手段进行调节。

1. 行政手段

行政手段就是政府房地产行政机关在职权范围内发布命令，指示和采取其他行政措施，组织指挥和调节房地产经济活动。它是以上级拥有的权力和下属的服从为前提，对房地产经济进行管理的一种手段。它具有三个特征：

第一是权威性。行政手段的施行主要取决于行政管理机关的权威，即管理者的权威越高，其效果越大。

第二是强制性。上级对下级发布命令、指令指示等，下级必须服从并遵照执行。但是，由于上级决策的失误所造成的影响也应由上级决策者承担。

第三是垂直性。行政手段主要是通过垂直领导和被领导的关系传递信息。一般说来横向关系和横向信息，对于各级管理者是没有约束力的。

从以上特征可以看出房地产行政管理能够发挥它的特殊优势，便于达到集中统一的目的。对于一些全局性的问题以及特殊的、紧迫的问题，可以运用行政手段，迅速而有效地贯彻下去。同时，行政手段具有较大的灵活性，可以因人、因事、因地制宜地处理问题。但是行政管理的效果，直接和领导者的个人素质有密切的联系。如果处理不当，极易产生与"人治"相联系的一些弊端。

2. 经济手段

所谓经济手段，就是房地产行政机关遵循客观经济规律，运用价值规律和物质利益的原则去调节和控制有关房地产经济行为的一种管理手段，这种手段主要是利用经济杠杆进行调节和管理。在社会管理中通常用的经济杠杆主要有四：

第一是价格。在我国当前社会主义市场经济的社会里，价格是计量和评价劳动的社会尺度。价格合理是社会经济生活正常运转的必要条件；价格不合理，则会导致社会经济生活的混乱。我国房地产现行的价格体制极不合理，因而造成了人们居住生活中供需矛盾突出的混乱现象，所以房地产价格管理是经济管理的中心环节。

第二是工资。在我国社会主义制度下，工资是实现按劳分配原则的劳动报酬形式。工资包括标准工资、奖金、津贴等成分。工资直接涉及到单位和职工个人的物质利益，正确地运用工资杠杆可以调动单位和职工的积极性，克服吃"大锅饭"的弊端。

第三是税收。税收是国家取得经济收入的一种法律手段，是政府机器的经济基础（《马克思·恩格斯选集》第三卷第22页）。社会主义国家房地产业的税收不仅取之于民，用之于民，而且是国家管理房地产经济的一种重要的调节手段。

第四是利息，只要商品和货币关系存在，则必然存在利息。在我国社会主义制度下，利息不再是反映剥削和被剥削的关系。相反，通过银行融通资金以及对利息的收取和支付，起到监督作用，促进房地产企业加强经济核算，加速资金周转，鼓励人们把零散的资金存入银行，为国家建设服务。金融机构也可以通过贷款，鼓励职工购房、建房，并为房地产业解决急需的资金问题。

由于经济手段的特点，可以促使被管理者自觉地接受引导，充分调动各方面的积极性和主动性，所以行政手段必须与经济手段结合运用才能取得更好的效果。

在运用经济手段时，必须遵循以下原则：即必须兼顾国家，集体和个人三方面的利益，把宏观经济效益和微观经济效益有机的结合起来。必须使经济手段符合客观经济规律的要求，特别要符合价值规律和按劳分配原则的要求，不能形成滥发奖金和滥发补贴的现象。另外，还要必须坚持有奖有罚的原则。在社会主义条件下，固然应当以奖励为主，但不能形成只奖不罚，否则就不能充分发挥奖励的积极作用。

3. 法律手段

房地产行政机关按照国家赋予的权利，根据《宪法》、法律等有关规定，以及制定房地产法规来管理房地产经济活动，运用法律手段进行管理是国家行政管理的规律和特点之一。法律手段的特征，具有较大的稳定性和反复适用性，它适用于管理某些不断重复出现的社会现象。因此，我们要完备行政立法，来规范和统一行政管理，以保证政策的连续性和稳定性。法律手段的另一个特征是具有普遍的约束力，它要求一切从事房地产经济活动的单位和个人，都必须用法律规范自己的行动，如果违法就要承担法律责任。

运用法律手段就要加强行政管理领域的法制建设，当前，我国房地产法律体系已初步建立，以《土地管理法》、《城市规则法》和《城市房地产管理法》为构架的一系列房地产法规的公布实施，为依法行政提供了良好的客观条件，行政管理是国家实施的管理，是代表人民整体利益的管理，所以，必须依法行政。

1989年4月，我国《行政诉讼法》公布，并于1990年10月1日起施行，实现了我国行政诉讼程序的法制化，加强了对行政行为的监督。保证了"依法行政"原则的正确贯彻执行，要求行政机关工作人员增强执法、守法观念，向一切违法行为作斗争。

房地产行政管理是国家经济生活中的一件带有全局性、战略性的大事，在调整和理顺房地产行政管理关系方面，行政手段、经济手段和法律手段三者的作用不同，行政手段和法律手段都是直接制约被调整对象的意志和行为的；而经济手段则具有间接性，以经济利益、物质利益进行诱导，以调动被调节对象的积极性和主动性。可见每一种手段都有其自己的特点和长处，同时，也各有其局限性，因而在具体运用时，应协调各种手段，取长补短，相辅相成综合运用，才能发挥更大的作用。

另外，在房地产行政管理中还要经常运用宣传教育等手段，以提高被调整对象的思想水平，端正其进行房地产经济活动的动机和行为，从全局出发，从整体利益出发，坚持社会主义方向和道路，这也是房地产行政管理不可缺少的手段。

党的十二届三中全会，认真总结了我国社会主义时期经济工作的经验和教训，明确指出，今后各级政府部门从宏观上管理经济，确定整个经济发展的战略目标和重点，决定重要的方针政策，运用经济、法律等手段，保持国民经济的发展比例与综合平衡。据此，房地产行政管理机构的职能，在指导思想上要做到三个转变：一是从直接日常行政事务转变到抓规划指导和宏观调控，二是从单纯的依靠行政手段转变到运用经济手段，发挥经济调节、经济监督、经济信息的作用。三是从过多的行政干予转变到协调服务上来，实现这三个转变，使房地产经济组织保持充分的活力，使整个经济得到协调发展。

（二）城市房地产行政管理的内容

房地产行政管理的内容，既包括对房产、地产以及关系人（所有人，使用人和经营人等）的管理；也包括对房地产经济运行过程——生产（开发、建设）、流通和消费各个环节的宏观管理，彼此之间纵横交错，管理关系互相联系，形成一个有机的整体。为便于研究，可以大体归纳为以下八个方面：

1. 产权产籍管理

房地产产权产籍管理工作，是根据我国《宪法》和法律所确认的所有权制度，对房地产进行权属管理和产权档案资料管理。它是房地产行政管理的重要内容，是进行房地产管理和发展房地产业的基础工作。所谓产权管理，就是通过审查产权，确认产权，保护产权和监督产权合法行使的一种行政行为。所谓产籍管理，是指通过对房地产测绘、调查和产权登记，建立健全真实、完整的产籍资料，提供查阅，统计和咨询服务。因此，搞好产权产籍管理工作，对于保护产权人的合法权益，加强房地产管理，培育和发展房地产市场，适应住房制度改革，以及为城市规划提供依据，都具有十分重要的意义。

1990 年 12 月 31 日建设部第 7 号令发布《城市房产产权产籍管理暂行办法》连同以前颁布的有关政策法令，对于推动产权产籍管理工作进一步实现规范化、制度化、法制化具有重要作用。

2. 地产管理

地产行政管理是房地产行政管理的主要内容之一。

地产行政管理以城市土地国有化为依据，贯彻执行《中华人民共和国土地管理法》和《中华人民共和国土地管理法实施条例》，贯彻合理规划、节约使用土地的方针，搞好产籍测量、土地评估、制定城市地价等级，加强征地管理工作，保护耕地、节约建设用地，充分发挥土地的经济效益、社会效益和环境效益。

加速土地使用制度的改革，贯彻执行土地使用权出让、转让办法和规定，实行土地有偿使用，对新使用的土地，除行政机关办公、军事用地和基础设施建设等用地外，全面实行有偿有限期使用，对原拨土地全面征收土地使用税，促其向有期有偿机制转轨，并在土地使用权转移时征收土地增值税。

3. 房产管理

房产管理是房地产行政机关对各类所有制房产——国有房产、集体所有制房产和私有房产、涉外房产等实施不同的管理，通过有关方针政策，法律法规的贯彻执行，指导有关的单位和公民加强产业管理、使用管理、修缮管理，做到充分合理使用房屋，延长房屋寿命，保证使用安全。

当前，房产管理的中心任务是进行住房制度改革，实现住房商品化，逐步实现住房资金的良性循环，这是我国经济体制改革的重要环节之一。

4. 房地产开发和住宅建设管理

它是属于房地产开发和对住宅的规划和生产环节的管理。

为做好这项工作，要开展居住现状调查，根据国民经济十年规划和五年计划，编制住宅建设规划，开辟资金来源，改革投资体制，发挥国家、地方、企业和个人各个方面的积极性，争取在固定资产投资中实行住宅建设计划单列，建立住宅发展基金，调整住宅建设投资结构，提高个人建房，合作建房的比重，控制住宅建筑标准，组织住宅综合开发建设，搞好新区开发和旧区改造，搞好安居工程、物业管理和居住小区的综合服务。

5. 房屋修缮管理

房屋修缮管理是在房屋使用过程中，对房屋的查勘、维护修理、使用等各个环节的技术活动过程和技术工作要素进行科学管理的总称。

房屋建成以后，由于自然损耗和人为损耗，使各部构件和设备逐渐丧失原有质量和使用功能，必须进行维修养护，以减缓损耗速度，延长使用年限，确保使用安全，并且用最小的消耗取得最大的维修效果，以满足使用单位和人民群众的需要。

加强房屋维修管理要做好以下工作：

（1）贯彻实施国家技术政策法规和中央、地方颁发的技术规范、技术标准、操作规程及有关技术管理规定。

（2）监督房屋的合理使用，防止房屋结构设备过早损耗，提高完好率。

（3）组织有关部门进行查勘、设计，督促制定修缮方案，确定修缮项目，及时施工，保证按质、按量完成任务。

（4）指导建立房屋技术档案，掌握房屋完损状况，与此同时，要贯彻技术责任制，明确技术职责。

6. 市场管理

房地产市场是房地产的流通环节，必须规范市场行为以保证市场的正常秩序和流通渠道的畅通，贯彻执行社会主义市场经济的方针，合理配置资源，实现房地产经济的良性循环，并不断增值，以满足社会主义建设和人民居住生活的需要。要贯彻市场管理的方针政策，坚持宏观管住，微观放活，做到管而不死，活而不乱。开展市场的预测及时公布房地产价格，充分发挥市场的机制作用，加强法制建设，规范市场行为，做好交易、租赁、抵押、换房，开展土地使用权的让渡，加强信息咨询、中介评估服务，搞好组织管理，如合同管理、价格管理，税收和利润管理等，搞好房地产市场流通。

建立健全市场管理体系，实行统一管理的原则，作好组织协调，监督、服务，坚持齐抓共管，综合治理，争取工商、税务、物价、公安等部门密切配合，加强合作，鼓励合法竞争，打击违法活动，理顺市场秩序，切实保护生产者、消费者和经营者三者的合法权益。

7. 行业管理

房地产行业是从事房地产开发、经营、管理、服务的一个重要产业，是由房地产事业、企业群体所组成的行业，它为人们提供一定的空间地域，是城市经济活动的基本物质基础，是城市建设的先导，是介乎于第二产业和第三产业之间，以第三产业为主的行业。房地产企业是房地产经济的细胞，党的一切方针政策、法律法规必须通过行业进行贯彻，因而行业管理是房地产管理的中心任务。

加强行业管理，要制定房地产行业政策、行业发展规划、战略目标、行业信息管理、人员使用和培养等规划，发展以公有制为主体的多种所有制房地产业，加强政策管理、组织管理、技术管理，进行资质审查，提高企业素质、管理水平和经济效益，搞活房地产业。

房地产业的形成和发展，必须以房屋和土地（使用权）作为商品，以房屋商品化、城市土地有偿使用和房地产综合开发三大政策做为基础，按照价值规律，通过房地产的生产、流通、消费三大环节，包括五个方面的主要活动，即综合开发、房地产金融、房地产交易、房地产管理和以房屋维修为中心的售后服务，实现资金循环、增值，使其在城市建设中起主导作用，在国家的整个经济活动中占有一定地位。同时建立起一套相应的管理体制，较完整的法规体系，实力雄厚的企业群体和专业化的管理队伍。发挥房地产业协会的管理纽带和桥梁作用，搞好行业服务。

8. 强化管理体制

房地产管理体制是社会主义房地产经济管理过程中，经济关系制度化的表现形式。包括对房地产经济再生产各个过程的管理机制所组成的一个有机的整体。行政管理体制要贯彻"精简、统一、效率"的原则。进行体制机构改革，抓住转变职能这个关键，由直接管理变为间接管理，调整行政组织，实行政企分开，简政放权，加强宏观调控，建设有中国特色的房地产行政管理体制，为四化建设服务。

9. 房地产经济体制改革

建国以后，很长时期把产品经济模式作为社会主义的经济模式，把城市住宅作为福利事业，实行"福利制、低租金、国家包、大锅饭"的制度，排斥市场机制，使国家投入大量的建房资金有去无还，并且刺激消费，加剧了供需矛盾和苦乐不均，助长了不正之风，同时对于城市土地实行无偿使用，造成土地资源的严重浪费，最终形成房地产行业的日趋萎缩。总结历史的经验，可以看出，必须进行房地产经济体制改革，由计划经济向社会主义市场经济模式转轨变型，实行住房商品化和土地有偿使用，搞好房地产综合开发，搞好房地产流通，加强小区物业管理，才能为振兴房地产行业创造良好的客观环境。

总之，房地产行政管理的内容比较广泛，涉及到房地产的所有权制度，国家对房地产管理的方针政策、法律法规的制定和贯彻实施，房地产再生产各个环节的宏观调控、房地产行业规划和发展战略以及房地产管理体制和住房制度、土地使用制度改革等问题，本书将在以后各章节分别进行论述。

思 考 题

1. 城市房地产行政管理的涵义是什么？
2. 城市房地产行政管理的性质、地位和作用是什么？
3. 房地产行政和房地产法规的关系是什么？
4. 城市房地产行政管理调整的对象和任务是什么？
5. 城市房地产行政管理的职能和手段是什么？

第二章　房地产产权管理

　　城市房地产产权产籍管理是房地产行政管理的基础性工作。搞好产权产籍管理，对于贯彻实施宪法，保护国家财产的神圣权利，保护产权人的合法权益，促进社会的安定团结，实现房地产经济的良性循环，以及为城市的规划和建设服务具有重要的作用。

　　本章重点介绍产权管理的有关问题。

第一节　房地产产权

一、房地产产权概述

　　产权，即财产权，是人身权的对称。

　　作为财产的房屋和土地称为房地产，房地产是房屋财产和土地财产的总称，以房产和地产为标的的产权称为房地产的产权。

　　因为房地产具有固定性和不可移动性，所以在法律上称为不动产。

　　房地产的产权一般也称为房地产的所有权。但从广义上讲，房地产的产权是指房地产的所有权以及和所有权相关的权利，即除所有权外，还包括经营权等。

　　房地产的产权是物权的一种。房地产在物质形态上是连接在一起的，在现时条件下，我国城市房屋的所有权与该房屋占用土地的使用权，实行权利主体一致的原则，除法律、法规另有规定者外，不得分离。

　　作为财产的房屋和土地，不同于作为客体的物质对象的房屋和土地，房地产表现了人与人之间的社会关系，即涉及到人们因对于房屋和土地的占有和使用而发生的社会关系，也就是法律上的权利义务关系。

　　（一）房地产产权的含义

　　房地产的产权系指产权人对其所有的房地产，在法律规定的范围内享有占有、使用、收益和处分的权利，并排除他人干涉的权能，房地产的产权由产权人独立行使，不借助他人的帮助。

　　（二）房地产产权的主体、客体和内容

　　房地产产权是一种经济关系和民事法律关系，是由主体、客体和内容三要素所构成。

　　1. 主体

　　房地产产权的主体，分为权利主体和义务主体。房地产的权利主体依法享有权利，权利主体是特定的，即指房地产的产权人；房地产的义务主体依法承担义务，义务主体不是特定的，指包括产权人以外的其他任何人。

　　2. 客体

　　房地产产权的客体是指所有权法律关系中权利和义务所共同指向的对象，就是房产和地产，故房地产的产权属于物权的范畴。

3. 内容

房地产产权的内容包括占有、使用、收益和处分四项权利：

占有，指房地产产权人在事实上对房地产的控制和管领。产权人占有自己的房地产，是受法律保护的，但是非产权人占有产权人的房地产情况也是常见的。例如：租赁、借用等，经过产权人的同意，属合法占有，受到法律的保护。占有人没有法律根据占有他人的房地产为非法占有，对于非法占有的，要根据其占有是善意或恶意，分别情况区别对待和处理，对非法占有的，产权人有权要求依法返还占有和赔偿损失。

使用，系指按照房地产的功能和用途加以利用。要依照土地规划、房屋的建筑意图、自然性能和经济性能合理使用，遵守法律和公共道德，不损害公共利益和他人合法权益，正确处理相邻关系，如通风、采光、排水等，避免干扰和影响，注意房屋的维护。对于房屋的使用，除产权人外，非产权人通过产权人的同意或建立租赁关系也可以使用房屋。

收益，指按照法律或合同规定，履行权利义务关系，从而得到收益，如出租房屋收取租金的行为。同时，非产权人受产权人的委托，也可代为收取租金。

处分，系指对房地产在事实上和法律上的决定。如依法对自己的房屋获准拆除、翻建、扩建、出租、赠与等法律事实都属于处分。处分一般由房地产产权人行使，但有时非产权人也可对房地产进行一定程度的处分，如典权人对出典人的房屋，到期不能回赎时，作为绝卖，据有产权人的房屋。但在实践中，处分必须根据法律或产权人的意思表示，这种权利可以和所有权分离，部分或全部转移给非产权人行使。

（三）房地产产权的特征

作为物权的一种，房地产产权具有物权的一切特征。

1. 绝对权

即权利效力及于除产权人以外的其他一切人。

2. 广泛性

即产权人享有完全物权，对其所有的房地产享有充分的权益、完全控制和支配的权利，直接作用于标的物，不需要他人的积极协助就能实现。

3. 排他性

即在同一个客体上只能有一个所有权，在所有权人行使所有权时，不受他人的干涉。

当然，产权人在享有权利的同时，也要遵守国家有关政策法令，履行应尽的义务。如依法进行产权登记、缴纳税费、维修养护房屋等。

（四）房地产产权分类和产权结构

1. 房地产产权的分类

我国现阶段房产和地产的所有权形式不同。

我国城市土地的所有权属于国家所有，土地所有权和使用权可以相分离，土地的使用人只有使用权，没有所有权。

我国城市房屋的所有权一般可分为三大类，即：

国有房产（全民所有制房产）；

集体房产（集体所有制房产）；

私有房产（公民个人所有、数人共有房产）。

以上国有房产和集体房产依照宪法规定都是社会主义公有财产，只有私有房产为私人所有。此外，还有少量的外国人或涉外房产等。

1985年，全国开展城镇房屋普查，根据所有制和管理形式的不同，将房屋分成十一类：

（1）公产：是指由政府接管、国家经租、收购、新建并由房地产管理部门直接管理的房屋。公产是全民所有制公有房屋的一部分。由于这些房屋是由政府专门管理房地产的部门进行管理、出租、维修的，因此称为房地产管理部门直接管理的房屋，简称直管公房。

（2）代管产：是指房屋产权尚未确认或所有权人不在国内又未委托且其下落不明，由政府房地产管理部门代为管理的房产。对这类房屋房地产管理部门要建立专门档案，掌握使用和修缮变动情况，在国家建设征用或翻建时要进行估价并做详细记载。

（3）托管产：是指房屋所有权人因不在本市或因本人确实无力经营管理的房产，和其他由所有权人申请委托房管部门管理的房产。

（4）拨用产：是指房屋所有权属于政府房地产管理部门免租拨给单位使用的房屋。拨用（拨借）的房屋其所有权属于政府房地产管理部门，借用单位负责使用、管理和维修，不能私自出卖、出租、转让、交换、拆毁，不用时应交还政府房地产管理部门。

（5）全民单位自管公产：是指全民所有制单位所有并自行管理的房屋。全民单位自管公产是全民所有制公有房屋的一部分，只是因为由各个使用单位分别自行管理而划分出的一类。

（6）集体单位自管公产：是指集体所有制单位购置或建造的房产。因为这些单位的经济是集体所有制性质，所以其占有的房主也属于集体性质。

（7）私有产：即私产。是指私人占有的房产。属于生活资料的私有房产受法律保护。

（8）中外合资产：是指我国政府、企业与外国政府、公司、厂商和个人等合资建造、购置的房产，这是我国实行对外开放以来新出现的一类房屋。

（9）外产：是指外国政府、企业、社会团体、国际性机构及外国侨民（不包括外籍华人）在我国购置或建造的房屋，通称为"外产"。

（10）军产：是指中国人民解放军、机关、医院、工厂（属军队建制的）、学校等军事单位所有并自行管理的房产。军产是全民所有制公有房屋的一部分。

（11）其他产：是指不属于以上十类产别的房屋，例如，宗教、寺庙房屋等。

以上十一类房屋"产别"，是兼顾了房屋产权的分类和管理的不同形式而设定的，与房屋产权分类是不同的概念。

2. 房地产产权结构

房地产的产权是以房屋和土地为客体的物权，其基本结构为房产产权和地产产权两部分。但房屋和土地无论从自然形态和经济内涵上都是互相联系，密不可分的，因而存在着密切的相关性和统一性。

由于我国房地产的产权具有丰富的内容，体现着财产关系和经济范畴，包括占有权、使用权、收益权和处分权以及多种他项权利的权利体系，组成一个权利的综合体。

但是，如前所述，我国的房产和地产的所有权形式不同，我国城市土地的所有权属于国家所有，实行土地所有权和使用权相分离，土地的使用人只有使用权，没有所有权。而房屋的所有权则存在国有、集体和私有等多种经济形态（见图2-1）。又由于拥有房屋的所有权必然相应地要求拥有土地的使用权，否则房屋将成为空中楼阁；土地使用权的实现，也要通过房屋的产权来完成，否则，对土地使用权的拥有就会变成毫无经济意义，这就是房地产权利主体一致性的原因所在。故此，房地产的产权结构产生了各种组合，形成了房地产产权多样化的格局。只有在房地产产权均属国有的情况下，产权主体才是单一的，除此之外，产权主体都不是单一的，而是多重的。了解这一点，对于正确处理房地产产权关系是非常重要的。

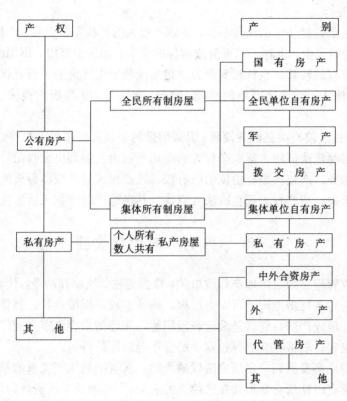

图 2-1　房屋产权产别分类表

（五）房地产产权的发生和灭失

房地产的产权是一种经济法律关系和民事财产关系，它是通过一定的法律事实而发生和灭失的。

法律事实是指能引起经济法律关系产生、变更和消灭的客观现象，包括人类活动和自然现象。

1．产权的发生

产权发生的方式可分为两类，即原始取得和继受取得。

（1）原始取得。凡产权人取得物的所有权是最初的，或不是以原所有人意志为依据的，即为原始取得。如：

1）新建房屋。按照规定，经规划、城建等有关部门正式批准新建的房屋。

2）没收。例如建国初期人民政府依法接收原国民党政府各个部门及其所属机构的房地产，剥夺了其所有权成为社会主义国家所有，所以是原始取得。

3）社会主义改造。1956 年至 1958 年，社会主义改造高潮期间，对私有出租房屋的社会主义改造，是按政策规定对所有制的变革，故也是原始取得。

（2）继受取得。根据法律或合同规定，从原产权人那里取得的财产所有权，称为继受取得。

继受取得必须确定有关所有权转移的表意人、代理人、代理行为等方面有无缺陷。继受取得是经常发生的，如买卖、赠与、交换、继承等。

2．产权的灭失

产权的灭失也是通过一定的法律事实，使原产权人的产权不复存在。产权的灭失包括：

（1）房屋本身的灭失。也称绝对灭失或客体的灭失。如房屋焚毁、倒塌或获准拆除等。

（2）房屋所有权的转移。也称相对灭失。指某一特定主体失去了所有权，而将房屋的所有权转移给其他人。如通过房屋的买卖、赠与、交换等，原产权人丧失了房屋的所有权。

（3）行政命令或法院判决征购或没收。国家用强制手段灭失产权人对房地产的产权。如国家因公共利益需要依法征用、征购产权人的房地产或由法院判决没收归公等。

（4）产权的抛弃。产权人放弃房屋的所有权，该产权人的产权即行灭失。

（5）主体的灭失。指产权人死亡或法人解体，其房地产的产权无所依托因而灭失。

第二节　房地产的产权管理

房地产的产权管理是国家房地产行政机关，依据宪法、法律和法令，代表国家的意志，行使政府的职权，对各类房地产进行审查产权、确认产权、保障产权、监督产权合法行使的一项重要工作。房地产产权管理是政府行政职能，管理的内容是审查确定城市范围的全部房地产产权的设定、取得、变更等过程中的合法合理性的行为。

所有权是人类社会发展到一定历史阶段的产物，所有制是生产关系的基础和核心，而所有权是在一定历史时期所有制形式在法律上的表现，所有制是生产资料归谁占有的制度，是任何社会都必然存在的现象，但在不同的社会和不同的历史阶段，所有制性质各不相同。

房地产的所有权是由所有制形式决定的，是所有制的法律形态。为了深入了解我国房地产产权管理的内容，必须首先了解我国房地产所有权制度。

一、我国房地产所有权制度

我国的房地产，其中房屋和土地实行着两种不同的所有权制度，因此，同一宗房地产，其土地所有权和地上建筑物所有权往往是不一致的，故而需要分别叙述。

（一）房屋所有权制度

房屋为人类生产、生活所必需，它不仅是最基本的生产要素，也是最基本的生活资料，房屋的所有权自古为人们所重视。

建国四十多年来，我国房产所有权制度经历了建立、发展、混乱和重新走上稳定发展的过程。

建国以后，政府摧毁了半封建半殖民地所有权制度，接管国民党反动政权、战犯、汉奸、官僚资本、反革命分子的房地产，并通过法律程序予以没收。对外国资本区别情况予以清理。对一般私有房屋的所有权则予以承认，并保护其合法经营和使用，从而较好地保全了这部分社会财富，解决了部分城镇居民的住房问题。同时国家实行宗教信仰自由的政策，也承认和保护宗教团体房产的所有权。当时，对于法制建设比较重视，权属明确，纠纷少，易解决，说明房地产产权制度起到保护和促进经济建设和人民生活的良好作用。与此同时，国家全力恢复国民经济，开展大规模经济建设，建造了大量公有房屋，城镇房屋所有权结构发生了根本的变化，以公有制为领导力量的房屋所有权制度迅速建立和发展。

1956年，根据社会主义建设总路线和《宪法》，继资本主义工商业的社会主义改造，在全国范围内对城市出租的私产房屋进行社会主义改造。按照赎买政策规定，对起点以上的私产房屋通过经租、公私合营等方式，在一定时期内给以固定的"定租"。经过私改，消灭了资本主义性质的房产出租，国有房产经济得到进一步的加强。

1966年"文革"期间，进入一个法制遭受严重破坏的混乱时期。在"左"的思想影响下，有人认为所有权制度越"公"越好，把作为生活资料的自有住宅也被当作资本主义尾巴予以割掉，很多私产住房被非法压缩、挤占和没收。

在党的十一届三中全会以后，落实党的各项政策，我国房屋所有权制度得到了拨乱反正，进入稳定发展时期。国有房产得到进一步的发展和壮大，国家明确重申保护公民住房的所有权，落实私房政策。同时提出对住宅建设发挥国家、地方、企业和个人四个积极性，鼓励城市居民独资、合资建房、购房。同时，国家依法保护华侨、台湾、港澳同胞的房产。城市房屋所有权制度合乎国情民意，房产经济日益繁荣发达。

（二）土地的产权制度

土地的产权是指土地的所有权以及和土地所有权相分离的如使用权、经营权等。

土地是人类赖以生存的根本，是人们生产、生活的必不可少的物质要素，人类社会的一切活动都离不开土地，土地在国民经济中占有极其重要的地位，历史上历次农民革命，其核心也都是土地问题。

我国土地产权制度也经历了不断演变过程。

建国前后，人民政府对土地产权制度，在城市和农村，根据不同情况，采取不同的方式进行改革。

在农村，通过发动农民进行土地改革运动，没收了地主阶级占有的土地，分配给无地少地的农民，把封建的土地所有制变成了农民的土地所有制。以后通过农业合作化，土地成为集体所有。

在城市郊区，同样进行了土地改革，对地主的土地予以没收，分配给无地少地的农民使用。但这种土地不属农民个人所有，而是一律收回国有。

在城市市区，解放以后，国家接管没收了旧政权、大地主、买办官僚资产阶级和帝国主义的房地产变为社会主义国家所有的财产。1956年至1958年对资本主义性质的房地产实行社会主义改造，通过赎买政策变为社会主义国家的财产。

1982年，新宪法公布城市土地实行国有化。宪法第十条规定：城市的土地属于国家所有。农村和城市郊区的土地，除法律规定属于国家所有的以外，属于集体所有；宅基地和自留地、自留山也属于集体所有。城市土地国有化，消灭了城市土地私有制，是我国土地所有权制度的重大变革。

二、房地产产权管理的内容和基本原则

房地产产权管理是对房地产权属关系的管理，是国家房地产行政机关为保障房地产权利人的合法权益而对房地产的取得、灭失以及合法变动行为的确认以及为此目的而实施的管理。

（一）房地产产权管理的内容

房地产权管理的内容包括审查确认产权、举办产权登记、依法禁止产权转移和代管等。

审查确认产权是产权管理工作的核心，是保护产权的前提，只有经过严格的审查确权才能为产权管理工作打好基础。

举办产权登记是进行产权管理的重要手段，是审查确权的中心环节，只有健全产权登记发证制度才能使产权管理工作健康有序地进行。

依法禁止产权转移和代管是保护产权和监督产权合法行使的重要措施，是作好产权管理的重要保证。

（二）房地产产权管理的原则

1. 房地产权利主体一致的原则

房地产是有机联系的统一体，不可分割。所以，房屋的所有权人和该房屋占用土地的使用权人，除法律另有规定者外，必须是同属一人。在进行产权登记时，如发现两者不属同一人时，应查明原因再行办理。

2. 房地产权的属地管理原则

房地产是不动产，坐落在一定地域之内，不可移动。因此，产权管理必须坚持属地管理原则，只能由房地产所在地区的市（县）房地产行政主管部门管理，房地产权利人也只能到房地产所在地的市（县）房地产行政主管部门办理产权登记。

3. 分工协作，协调一致的原则

产权管理涉及多方面的关系，如规划管理关系、土地管理关系、工商行政管理关系和财税管理关系等。各个部门之间必须明确职责、合理分工，树立整体观念，协商一致解决问题。

第三节 房地产权登记

一、房地产权登记的涵义

《城市房地产管理法》第五十九条规定:国家实行土地使用权和房屋所有权登记发证制度。房地产权登记是国家为健全法制,加强城市房地产管理,依法确认房地产权的法定手续。凡在规定范围内的房地产,不论归谁所有,都必须按照规定,向房地产所在地的房地产管理机关申请登记。经审查确权后发给房地产权证。房地产权登记是房地产行政管理的主要手段。

建立房地产权登记发证制度，是由房地产的特征所决定的。房地产具有价值大，使用期限长，房地权属可以依据产权人的意志依法分离等特征，为了确认产权必须进行登记发证，以保证产权人合法行使权利，因而房地产权登记发证制度是最基本、最重要的制度和日常工作。

二、房地产登记的范围和种类

（一）房地产登记的范围

凡是在城市规划区国有土地范围内取得房屋所有权和土地使用权的人（自然人和法人）都要进行权属登记，领取房地产权属证书。

（二）房地产登记的种类

可分为总登记、转移登记、变更登记、注销登记、他项权利登记和其他登记。

1. 总登记

属静态登记，也叫一次性登记。是指在一定期间内，在一个地区办理一次性的统一的全面的登记。通过总登记编制成全部房地产权产籍管理的基础资料，为房地产管理工作打下基础。总登记是一项花费人力、物力和时间很大的繁重工作，如建国以后，国内各城市都进行了房地产总登记。1986 年 2 月前城乡建设环境保护部发出的"关于开展城镇房产产权登记，核发产权证工作的通知"并据以在全国范围内展开的清查换证工作也具有总登记的性质。

在总登记之后，为了保证产权产籍资料和实际情况相符，必须进行经常性的动态登记。以下各类登记都属于动态登记。

2. 转移登记

在总登记以后，产权人因某种行为，导致房地产权一部或全部转归他人所有，称为产权转移，因而进行的登记称为转移登记。例如买卖、继承、赠与、析产、分割、合并、交换等。转移登记需要在行为发生的一定期限内（一般为一个月）办理产权转移登记。

3. 变更登记

在总登记后，因房屋或用地情况发生增减变化，但房地产权没有转移而进行的登记称为变更登记。例如房屋的部分拆除、改建、扩建、增建和落地重建等都要及时办理产权的变更登记。

4. 注销登记

因客体的灭失，房屋本身不复存在，土地使用权也自然随之消失而进行的登记称为注销登记。例如，房屋核准拆除、焚毁或倒塌等都应进行登记，以作到产权情况与实际相符。

5. 他项权利登记

他项权利是在所有权基础上设定的限制物权，这种权利情况复杂，变动性大，因而需要进行产权登记。

他项权利一般有以下几种：

（1）抵押权，即产权人根据合同约定，将房屋产权或土地使用权以不转移占有方式抵押给债权人作为债务清偿的担保而产生的。债务到期，债务人应连同本息一并偿还债权人，如到期不能清偿时，债权人有权将抵押物拍卖优先受偿。

（2）典权，即产权人以全部或部分房屋进行典当的行为，由典权人支付典价，在合同约定的期限内，占有出典人的房屋，行使使用和收益的权利，双方"钱不计息，房不计租"并明确修缮责任。典期届满由出典人清还典价，典权人归还房屋；如到期不能清偿典价，即为"死典"，也称"绝卖"，产权即归典权人所有。

（3）地役权，也称通行权，是在土地私有制情况下，因相邻关系的需要和传统习惯形成的一种权利，即相邻一方如为无路可通，可经过另一方的土地通行。在当前城市土地国有的情况下，地役权也相应消失。

6. 其他登记

除以上登记外，还可细分为其他几种登记。如遗失登记、更正登记以及新建登记等。

三、房地产登记的主要程序

房地产是不动产，根据国家有关规定，房地产产权的取得、转移或变更等，产权人必须到房地产所在地房地产管理机关办理产权登记，经审查确权，发给房屋所有权证和土地使用证。房屋的所有权证和土地使用证是房地产权的唯一合法证件，受到法律的保护。

房地产权登记是加强房地产行政管理的重要措施，这项工作细致复杂，环节较多，政策性强，必须依靠政策法规和确凿的证据和档案资料，经过三审定案确权发证。

房地产登记的主要程序，一般分为初审收件、调查勘测、审查确权、复核审批、收费发证等几道程序。

（一）初审收件

初审收件标志着房地产主管机关接受产权人主张产权的申请。因此，产权人必须填写登记申请书，交验有关证明文件，经初审符合登记条件的，予以收件（登记申请书表式见表2-1～6）。

审查的内容包括：

1. 检验证件

（1）检验身份证件：确认申请人是否有申请资格。

1）私有房产申请登记：

第一，申请人一律使用户籍姓名。化名、别名、堂名必须更正；

第二，申请人必须是产权人（包括共有人）具备身份证、户口簿、图章，并与产权人姓名相同；

第三，申请人必须是有完全民事行为能力的人（无民事行为能力或限制民事行为能力的，由法定代理人代为申请）；

第四，申请人不在本地，须书面委托本地的亲友代理；

第五，产权人或共有人下落不明，由其近亲属或其他共有人代理。

2）单位产房屋申请登记：

第一，单位必须具有法人资格；

第二，须交验主管机关核准的证件或证明；

第三，须用单位全称和单位的公章并委派经办人员办理登记。

3）直管公房申请登记：

第一，直管公房区别不同情况进行登记，并一律使用区、县、局、公司名义；

第二，代管产暂不登记；

第三，托管产由产权人自行登记或委托他人代为登记。

房管部门直属公房单位，应具备法人资格，作为代理人申请，并指定经办人员办理登记手续。

类别：　　　　　　　　　　　　　　　　　　　　　　收件　字　号

房屋坐落	区（县）						地号		
权 利 人	姓　名	性别	年龄	籍贯	工作单位	现 住 址	单位经济性质	盖章	
代 理 人									
义 务 人									
代 理 人									

房 屋 状 况	幢　号	房　号	层　数	建筑结构	建造年限	用途	间数	建筑面积（m²）
	合　　　计							

使用国有土地状况	建筑占地面积		(m²)	院落面积		(m²)
	四　至	东	西	用途		
		南	北			

产权变更原因		共有人姓名 及占有份额

他项权利设定	权利人	权利种类	权　利　范　围			权利价值	权利存续期限	注销日期
			房号	间数	建筑面积（m²）			

	证 件 名 称	证 号	件 数	备 注
交验证件				

其他需要说明事项	

现据实申请登记上述房产，
如有不实，申请人愿负法律责任。

申请人（单位）盖章

收件日期	年　月　日	收件人	

房产所有权登记调查勘丈表

表 2-2

产 权 人 （单位）		收 件 号	
房产坐落		地 号	

调查勘丈事项	
	收件人　　　　　　　　　　　　审查人

调查意见	
	调查人：

	间 号	建筑结构	房屋种类	层 次	间 数	建筑面积（m²）			新 旧程 度
						合 计	住 宅	非住宅	
勘定房产情况									
平面图	（另附图）								

地级	用地面积		（m²）	本户房地所在	地形图 第 幅 地籍图 第 幅 底 图 第 幅
勘丈意见					

勘丈人：

28

表 2-3

房屋所有权登记审核表

房 屋 坐 落	区（县）						地 号	
所有权人（单位）							所有权性质	
共 有 人								
产权变更原因								
登记日期及收件号								

	幢 号	房 号	层 数	建筑结构	建造年限	用 途	间 数	建筑面积（m²）
房屋状况								
	合　　计							

使用国有土地状况	建筑占地面积		（m²）		院落面积		（m²）	
	四　至	东		西		用途		
		南		北				

他项权利设定	权利人	权利种类	权 利 范 围			权利价值	权利存续期限	注 销 日 期
			房号	间数	建筑面积（m²）			

税　费　核　算							
缴款人	契　税	加征契税	登记费	手续费	工本费	合　计	缴款书号

核费日期	年　月　日	核算人	

契　税　摘　要				
立契日期	价　格	契税种类	税　率	纳税金额（元）

审查意见		领导复核	
	审查人		

缮　发　证　件				
缮证	年　月　日	缮证人	
配图	年　月　日	配图人	
核证	年　月　日	核证人	
发通知	年　月　日	发通知人	
发证	年　月　日	发证人	
房屋所有权证证　　号	字第　　号	领证人盖章	月　日

收件号　　　　字　号

房地坐落		区（县）				地号		
申请单位	名　称					单位经济性质		
	地　址		区（县）					
	经办人					电　话		

房地来源	

房　屋　建　筑　情　况

房屋编号	结　构	层　次	底层面积	合计面积（m²）	用　途　（m²）				建造年限	新旧程度	证件号
					住　宅						
					自住	出租	自用	出租			

土地使用情况	面积	建筑占地面积		m²	地界	东	
		应摊面积		m²		西	
		空闲面积		m²		南	
		合　计		m²		北	
	用　途				起费时间		年　月　日
交费情况	全年使用费金额			元	欠费时间		
	欠　费　金　额			元	欠费原因		

交验房地证件	证　件　名　称	证　号	件　数	备　注

其 他 需 要 说 明 事 项

单位盖章　　　　　　　填表时间 19　年　月　日

备注	

产 权 单 位				单 位 性 质	
房 产 坐 落					
房 产 数 量	建筑面积		（m²）	帐面原价值	元
财 产 来 源					

以上房产经核对已列为单位固定资产，特此证明。

上级财务部门	产权单位	
	财务部门盖章：	财务负责人盖章：

备注	

1. 单位性质、系指行政、事业、企业等性质。

2. 财产来源、相沿接管，合营投资、自购、自建、拨交等。

3. 帐面原价值，即纳入固定资产时的价值，如相沿接管的以清产核资时所定价值为准。

勘 定 土 地 情 况

用地面积列出公式			

用 地 面 积		(m²)
建 筑 占 地 面 积		(m²)
建 筑 面 积		(m²)
空闲或应摊面积		(m²)

勘 定 房 屋 情 况

编号	结构	种类	层次	间数	用途	证件号	计 算 公 式

求积员：　　　　　　　　　　　　　　　　　年　月　日

编号	结构	种类	层次	间数	用途	证件号	计算公式

（2）检验产权证件。检验产权证件是确定产权人申请登记是否合法的事实依据。其主要产权证件齐全，产权来源清楚的允许申请登记。

1）私有房产应提交的证件，包括：过去申请过登记的，提交各届政府核发的各种所有证；

领取产权证件后又发生产权转移变更情况的，应提交契约、合同和有关证明文件；

证件需是原件，非原件的不予登记。

2）单位房屋应提交的证件：

第一，单位房屋较多，来源不同，须交不同的证件（来源包括：新建、联建、购买私产、公私合营、单位合并、按系统接管、拨交拨用等）。

第二，过去登记的，应提交领取的证件；政府核发的证件要收回原件。其他证件要交原件，无法交原件的经同意后可交影印件等。

3）直管房屋应交证件。直管房屋的档案，包括产权管理资料和经营管理资料。登记中对产权管理资料都要按栋提交（经营管理部分只留影印件）。

4）办理过产权登记的城镇，未结案和未申请登记的，摘录情况供收件参考。

2. 填写申请书和墙界表

（1）填写申请书，需要满足上级主管机关年终汇总统计需要，满足产权产籍管理需要；反映产权来源、现状，反映产权审查情况。

（2）填写墙界表，提供墙界四至，自我认定，互相承认和证明。

（二）调查勘测

对申请产权登记的房地产进行逐户、逐处调查勘测，掌握房屋来源和现状，丈量计算面积，核实墙界归属，绘制或修测房屋平面图，为审查确权和制图发证提供依据。

实地勘察的项目：

1. 核实、修正房屋情况，修正房屋平面图。

2. 核实墙界。

3. 绘制分户地号（丘）平面图，作为发放产权证的附图。

4. 全面复核

（1）完成一栋平面图要全面复核；

（2）复核无误，由复核人签注"已核"并签名；

（三）审查确权

即确认房屋的所有权和土地的使用权等，是产权登记工作的关键。对申请登记的房地产权，经过实地调查和勘测，掌握现实资料后即可进行审查，审查产权是以实地调查勘测资料和产权档案历史资料为基础，以国家现行有关政策法规为依据，认真审查申请登记的房地产权来源是否清楚，转移变动是否合法，经过全面审查，对产权来源清楚，证件齐全有效，手续完备无缺的登记案件，可以确定产权。

（四）复核审批

审批是产权审查的最后程序，是由产权登记主管人员进行复核，确定是否准予发证。经过审查批准，才能发给房地产权证书，然后办理发证准备工作。

（五）收费发证

1. 绘制权证

（1）发放权证的依据。经有关负责人审批（或指定人审批），签注"确认房屋所有权，准予发证"。签名后，可绘制权证。

（2）缮证

（3）配图

房屋平面图：将分户（地号）平面图、示意图贴附权证之上。

1）按房屋产权范围的大小晒制或复印房屋平面图，并用红色实线圈绘其范围。

2）分户（地号）平面图分为有比例和无比例（示意图）。

（4）复核、校对

做到无错、无漏，申请书、房屋产权证存根、平面图三一致。

（5）登记、盖印

2. 核定税费

（1）收取登记费：按产权总登记所需经费确定。

（2）补收契税：房屋买卖、赠与、典当等应交契税。

税率：买卖为买价的 6%；赠与按现值的 6%；典当按典价的 3%，由受益人交。

契税免征：机关、行政、事业、企业单位免纳；个人买新建商品住宅或留购自住公产住宅免纳契税。

（3）印花税：属经济活动中交往为主、领受凭证的税种，由房地产管理部门代征，转财政部门。其中，买卖为买价的 3‰、租赁为租金的 1‰、登记发证每件 5 元。

发证准备工作就绪，通知产权人按期交纳登记税费，领取房地产权证件。

房地产权登记发证后，对在登记过程中产生的一切资料、证件、图纸等，按房地产权档案分别编号立卷，按地号排列归档、建卡，造册，由专人保管存查，并根据卡片作好统计工作，准确及时地提供各项有关资料和统计表报。

（六）房地产权属证件

房地产权属证件是国家依法保护房地产权利的合法凭证，必须由房地产所在地的政府房地产管理机关统一发放和管理，经过房地产管理机关审查确权发放的房地产权属证件才具有权威性和公信力，受到国家法律的保护（目前国内一些城市因房地分管，土地使用权由土地管理机关确权发证）。

房地产权属证件有以下几种：

1.《房屋所有证》和《土地使用证》

《房屋所有证》和《土地使用证》过去由各城市自行印发，式样不尽统一。前城乡建设环境保护部（87）城住字第 12 号《关于颁发房屋所有权证式样及房屋所有权登记发证工作的通知》，从 1988 年 1 月 1 日起，凡产权发生转移变更的，一律发全国统一的《房屋所有权证》和《土地使用证》，以前在清查换证期间所发的产权证件继续使用。

2.《房屋共有证》

房屋共有，是指两个或两个以上的人所有。共有分按份共有和共同共有。按份共有是指共有人分别按各自的份额，对共有财产享有权利并承担义务。根据《民法通则》规定，按份共有人使用和处分共有的财产，应依据协议或通过协商一致的意见进行，但是这种意见不得损害其他共有人的利益。共同共有是指共有人对共有的房产不能划出自己的份额，而是共同享有权利和共同承担义务。为了加强产权管理，根据建设部（87）城住字第 12 号文件精神，城市房地产管理局制发了《房屋共有证》。

3.《他项权利证》

他项权利是在所有权基础上设定的权利，他项权利又称限制物权，常见的有抵押权和典权等。城市房地产管理局对于享有他项权利的权利人发给《他项权利证》，以维护其合法权益。

四、产　权　审　查

产权审查是房地产登记的核心内容，要遵循一定的原则。

（一）审查确权的原则

1. 以事实为根据，以法律为准绳。审查房地产权，应首先弄清产权来源，产权的转移变更是否符合政策，必须做到产权来源清楚，没有纠纷，又符合政策法规，始可确权。

2. 书证原则。产权的取得、转移、放弃和他项权利的设定等民事法律事实，必须用书面形式表示。审查确权时必须有原始证件和具有法律效力的书面证明材料。

3. 公告原则。公告的目的是为了征询产权有无异议。公告形式可以采取张榜公布、报纸、电台等新闻媒介公告周知。公告期满无异议时，即予确定产权。

4. 调查研究，实事求是的原则。审查确权，经办人员必须亲临现场，深入了解，弄清来龙去脉，并请四邻指界。严肃认真，真正做到合法、准确、真实、可靠，使政府颁发的产权证件具有公信力。

（二）依法禁止转移和代管

根据《城市房地产管理法》规定，在进行房地产权登记当中要注意下列房地产不得转让：

1. 以出让方式取得土地使用权的，未按出让合同约定支付全部土地使用权出让金，并取得土地使用权证书的；或按合同约定投资开发，属于房屋建设工程完成开发总投资额的25％以上，属于成片开发土地的，形成工业用地或者其他用地条件的；或者房屋已经建成，但未持有房屋所有权证书的。

2. 司法机关和行政机关依法裁定，决定查封或者以其他形式限制房地产权利的。

3. 依法收回土地使用权的。

4. 共有房地产、未经其他共有人书面同意的。

5. 权属有争议的。

6. 未依法登记领取权属证书的。

7. 法律、行政法规规定禁止转让的其他情形。

房地产的代管，通过房地产登记，对于发现尚未登记的部分房产，除由房屋所在地房地产机关调查澄清原因，并采取措施催办登记外，对房产所有人下落不明又无合法代理人，或所有权不清楚的房屋，根据《城市私有房屋管理条例》的规定，由房屋所在地的区、县房管机关依法代管。代管的房屋因天灾或其他不可抗拒灾害造成损失的，房管机关不负赔偿责任。

凡属无人继承又无人受赠的遗产，俗称"绝产"由房屋所在地的区、县房管机关依法接管。

房屋所有人申请发还由房管机关代管的房屋产权，必须证件齐备，无产权纠纷，经审核无误，可办理发还手续。

无论是代管、接管或发还房地产权，均应履行法律规定的程序。

（三）房地产权的审查内容和确认的依据

房地产权的审查与确认是指有管辖权的政府房地产行政机关对当事人申请房地产权登记的申报和提交房地产权归属的证明和产权状况的证件等进行审查，以决定是否受理申请，准予登记，确认产权并发给房地产权证的全部过程，审查确权是产权登记工作的核心。

1. 房屋所有权取得的审查和确认

即审查当事人申请登记的房屋所有权关系是否真实、合法，确认是否赋予这个房屋所有权关系的必备的形式条件，符合规定的即准予登记发给《房屋所有权证》。

如前所述，房屋所有权的取得分为原始取得和继受取得，其审查和确认的条件是：

（1）原始取得。包括自建的房屋和依法收归国有的房屋。

自建房屋产权的取得是通过出资建房的事实行为而发生的房屋所有权关系。首先要确认当事人是否依法取得土地使用权。其次，要审查建房是否经城市规划管理部门批准，领取建筑许可证，按许可证规定建房并没有违章行为方可确认其所有权。

依法收归国有的房屋是按照法律规定，依照法定的程序，将房屋所有权收归国有的行为。它是以人民法院的判决或人民政府的命令为依据进行的。

（2）继受取得。继受取得房屋的产权，依据发生的不同原因，按照以下三条原则进行审查确认：

1）房屋所有权的转移必须是当事人的真实意思表示。

意思表示是指行为人把进行民事法律行为的意思以一定的方式表现于外部的行为。同时，这种意思表示一般地说必须是双方的。

为了弄清当事人意思表示的真实性，要注意以下几点：

①作出意思表示的当事人不是无行为能力的人或依法不能独立作出意思表示的限制民事行为能力的人以及超越代理权限的代理人。

②当事人是自愿的，而不是遭受欺诈、胁迫等情况下违背自己真实意愿而作出的意思表示。

③当事人没有恶意串通及规避法律的意思表示。

2）当事人意思表示必须采用书面形式。房屋所有权继受取得的法律行为是要式法律行为。要式行为即法律要求的方式作为行为成立的条件。要式分为一般和特殊两种形式，一般要式指书面形式；特殊要式指公证、鉴证、登记等由国家设立的权力机关赋予该行为以形式要件的形式。

3）取得房屋产权合法。继受取得房屋必须原房屋所有权没有瑕疵，同时要对房屋所有权转移的合法性进行审查和确认：

①当事人取得房屋产权不损害国家、集体或第三者的利益。

②当事人取得房屋产权不违反国家法律、法规或侵害社会公共利益。

③不得以合法形式掩盖非法目的。

2. 房屋所有权灭失的审查和确认

房屋所有权灭失，是指因某种法律事实而使所有权人丧失房屋所有权。

在产权登记中对房屋产权的灭失进行审查和确认的目的是为了确定哪些产权灭失应进

行注销登记。一般的说,对房屋产权的绝对灭失都应进行审查和确认,并办理注销登记,而对房屋产权的相对灭失则无须进行审查和确认,也无须办理注销登记,只是通过新产权人对该房屋产权的取得进行审查确认而间接进行的。但对以下两种情况应当进行审查和确认:

(1) 房屋所有权依法强制消灭;

(2) 房屋所有权的抛弃。

房屋所有权的抛弃分两种情况,一是依法享有房屋产权的人自愿放弃权利。二是依法享有房屋产权的人抛弃客体,即房屋。只有当房屋产权人抛弃客体,房屋没有业主,需由国家代管或接管时,登记部门才能进行房屋产权灭失的审查与确认。

五、几种常见的产权变动的审查原则

(一) 继承

房地产继承是产权转移最多且比较复杂的一种形式。所谓房地产继承就是公民依法接受死者遗产的行为。继承是一种法律制度,继承人必须符合法律规定,即所谓合法继承人。合法继承人有两种:一种是法定继承人、一种是遗嘱继承人。

1. 法定继承人

我国《继承法》规定,法定继承人的范围包括:配偶、子女、父母、兄弟姐妹、祖父母、外祖父母。并根据与死者血缘的远近亲疏和经济上的相互依赖程度,将继承人分成先后顺序。

第一顺序继承人是配偶、子女(包括养子女),父母(包括养父母)。

第二顺序继承人是兄弟姐妹、祖父母和外祖父母。第二顺序继承人只有在没有第一顺序继承人或第一顺序继承人全部放弃或者被剥夺继承权时才能继承。

被继承人的子女先于自己死亡的,其晚辈直系血亲可代替继承遗产称代位继承。代位继承的份额是他们父或母应继承的份额。

遗产继承要贯彻男女平等、养老育幼、互让互助、和睦团结以及权利和义务一致的原则。

2. 遗嘱继承人

遗嘱继承是根据死者遗嘱进行继承的一种形式。是被继承人在死亡之前,以遗嘱的形式对其遗产进行处分,并在死亡时发生法律效力的法律行为。即被继承人立有遗嘱,将自己的财产全部或一部,指定由法定继承人中的一人或数人继承,即按遗嘱继承处理,遗嘱继承是遗嘱人单方面的法律行为,不需征得法定继承人的同意。

遗嘱的形式有自书遗嘱、代书遗嘱、公证遗嘱、录音遗嘱和口头遗嘱共五种。

遗嘱的内容必须真实,不是被迫的,更不得违反法律、法令、公共利益或社会主义道德准则。也不得取消或减少法定继承人中无劳动能力又缺乏生活来源的人以及未成年人或者胎儿应得的份额,违反上述规定,所立遗嘱无效。

3. 遗赠

遗赠是遗赠人通过遗嘱的方式把其房屋赠与国家机关、社会团体、企、事业单位或法定继承人以外的其他公民的一种法律行为。

遗赠与遗嘱继承不同,遗赠是一种赠与关系,遗嘱继承则是一种继承关系;遗赠受领人与遗嘱继承人范围不同,遗赠受领人不能是遗嘱人的法定继承人,同时没有承担死者债务的责任。

4．在继承产权过户中应注意的问题

（1）继承关系是一种民事法律关系，只能在被继承人死亡时才能发生。当被继承人没有死亡时，不能发生继承行为。

（2）继承人有依法放弃继承的权利，已放弃继承权利的继承人，无权把自己应继承的份额指定由别人继承。

（3）无继承人或全部继承人放弃、丧失或被剥夺继承权的遗产，应由国家依照法律程序收归国有。

（4）死者的亲友（非合法继承人）由于对死者尽了赡养和埋葬的责任，要求继承遗产的应取得公证。

（5）夫妻在婚姻关系期间所得的共同所有房产，除另有约定者外，如分割遗产时应先将一半分给配偶，其余为被继承人的遗产，由共同继承人再依法继承。

（二）分家析产

分家析产是指分开居住并分割共有房地产的法律行为。析产对原来共有人来说，并不一定都是相等的份额，同时分家还往往连同其他财产一起划分，因而有的分房，有的分得其他财物。在确定房地产时应予以承认，准予按析产所得的房屋办理房产登记领证手续。

（三）买卖

房地产买卖是房地产权转移的重要形式之一。房地产正当的买卖受到法律的保护。但房地产买卖不同于一般的商品交换，在进行产权登记时应注意以下各点：

1．房地产买卖必须由双方达成协议，订立合同，共同遵守。

2．订立合同，要严格遵守国家法律、法令和社会公共利益，并接受国家的监督、管理和指导。

3．订立合同，双立应到当地房地产交易所办理交易立契审核手续。

4．交易立契审核办理完毕，承买人应在规定的期限内到当地房地产管理机关申请房地产所有权转移登记，以取得合法保障。

5．严格禁止房地产买卖中的投机倒把和私买私卖瞒价逃税等行为。

（四）赠与

赠与是指房地产所有人将房屋无偿赠给国家、单位或其他人的一种民事法律行为，也是所有权人对产权的处分，是房地产所有权转移的常见形式，只要赠与人的产权属实并自愿赠与，受赠人同意接受，并经当地房地产管理机关鉴证，赠与的房地产就应确定为受赠人所有，准予办理转移登记手续。

思 考 题

1．什么是房地产的产权？

2．房地产产权管理的内容是什么？

3．房地产产权登记的种类和程序是什么？

4．产权审查的原则是什么？

5．产权审查的主要内容和确认的依据是什么？

第三章 房地产产籍管理

第一节 房地产产籍管理概述

一、房地产的产籍

房地产的产籍是指记录土地、地上建筑物、附着物状况及其权属关系的簿册，相当于房地产的产籍清册。房地产的产籍包括房地产产权登记档案、产籍图纸、卡片以及簿册表报等反映房地产现状和历史情况资料的总称。

房地产的产籍是由地籍发展而来的，解放以前，历代都称为地籍。最早是以土地为主，房屋作为土地附着物，用以征收土地赋税的清册。产籍不同于地籍，产籍是以房屋和土地并重，房地产一体为特征的。

产籍是以房地产产权登记、房地产测绘和实地调查资料为基础整理汇集的，它既反映每宗房地产的具体情况，包括坐落区域、地界、地号（丘）、占地面积、房屋建筑、结构装修、产权归属、使用情况，并能整体反映一个城市、一个地区的房地产历史过程和现状全貌。

二、产籍资料的内容

产籍管理是为确认产权、规划管理和城市建设服务的，它要求有完整正确的档、图、卡、册等资料，构成有机组合的整体。

（一）产权登记档案

也就是产权登记封套，它是在一个地号内某户产权人的房产所有权和土地使用权取得的沿革和变化的原始凭证，在确定产权发证以后，收集全部资料，按发生先后次序整理，装订成册，装入登记封套，按区域地号排列。按一个地号一个产权人装入一个封套；如一个地号内有几个产权人的，先按户各装一个封套，再将几个户的封套装入一个地号封套内。

（二）房地产平面图

是为房地产产权登记和管理而测绘的图纸，房地产平面图又分为：

1. 地形图

地形图是按一定比例尺描绘地物、地貌的正射投影图。地物指地表的固定性物体，如房屋、道路等；地貌指地表面高低起伏的形态，如山地、丘陵、平原等。地形图经常要通过实测或配合有关的调查资料编制而成，地物按图式符号加注记表示，地貌一般用等高线表示。地形图比例尺，根据需要，通常有1/500、1/1000、1/2000等，是由城市规划测绘部门绘制的，是为城市规划和城市建设服务的基础资料。

2. 产籍图

产籍图是在地形图的基础上加工绘制的（原称地籍图，也称图幅），是表示土地产权、地界和分区平面图。产籍图的内容包括产籍要素（土地编号、利用类别、等级、面积、权属界限、权界地点及编号、各级行政区划界限及房屋情况）。必要的地形要素指与产籍管理有关的一些房屋、道路、水系、地物和地理名称等。

测绘时以土地地块边界为主、地物为辅，不带高程或等高线，按地块编地号（丘），并量算面积，连同产权人姓名注记图上，城市产籍图比例尺一般为1：500（郊、县采用1：1000或1：2000）。

产籍图是房地产管理部门办理产权登记发放权证的依据，也是建立产籍档案的重要资料。

（三）卡片

房地产卡片扼要记载了房地产权沿革、房屋建筑、土地使用等基本情况。卡片能起到索引和检索作用，便于查找和管理，同时还是统计的依据。为此，一般建立有两种卡片。

1. 按地号建卡。这是在总登记时建立的，按地号顺序排列，可便于检索。

2. 按产权类别建卡。如产权类别分为全民所有、集体所有、私有以及代管房产、宗教房产、中外合资产等，是作为产权分类统计使用的。

房地产卡片格式见表3-1。

（四）簿册表报

是房地产登记发证的记录簿以及产籍资料统计表报等。

1. 地籍簿。在地籍整理时期，进行地籍测量中记载的册子。内有地号、产权人姓名、坐落、房屋建筑情况、占地面积等内容，是产权登记原始材料之一。

2. 清号簿。地籍整理以后，按区划、地号排列，通过产权登记收件，注销本地号，在结束登记时，可以澄清尚未申请登记的地号，以便处理。

3. 房地产总册、登记簿和发证簿等。其中登记收件簿为产权人持契证申请登记后，经初审收件记载下登记人姓名、地号、收件号及所交证件；发证簿为确权发证的记录清册。

以上三种簿册可作为一整套资料，以便于互相参考、互相补充。

4. 产权变动月报。由区房管局向市房管局报送。

5. 产籍资料的补充、更改通知表。为保证产籍资料准确及时，由管理人员按月报市房地产管理局。

第二节　房地产产籍管理

一、房地产产籍管理的涵义

房地产产籍管理是指对产权登记、调查、测绘过程中形成的产权资料档案、测绘图纸、调查统计等表报进行科学准确地整理、精选、补充更正、汇总保管、提供利用等一项经常性的工作。

二、房地产产籍管理与产权管理的关系

房地产产籍管理源于产权管理，二者有着密切的联系。

产权类别：   建卡日期：   年 月 日

产权坐落	区（县）		房屋用途		
产权人			住 址		
登记日期及收件号	年 月 日字第 号	地号 字第 号	房产证号		
			土地使用证 号		
产权来源					

房 屋 基 本 情 况

种 类	结 构	层 数	间 数	建 筑 面 积（m²）			占地面积 m²	基底面积 m²	建造年份	新旧程度
				合 计	住 宅	非住宅				
合计										

变动情况记录（反面）

日 期	变 动 内 容	经办人签 字
备 注		

产权管理是政府行为，和产权人发生直接的联系，是具有政策性、社会性、群众性很强的工作。产籍管理是政府机关内部的行政工作，是对房地产产籍资料的管理，它一般不与产权人发生直接的联系，是一种技术性和专业性较强的工作。

从总的来说，产权管理是产籍管理的基础，产籍资料来源于产权资料，产籍资料又是产权管理的依据，只有科学完备的产籍资料，产权管理才能顺利进行。由此可见，产籍管理源于产权管理，又服务于产权管理，二者互相依存，互相促进，成为一个有机联系的整体。

三、产籍管理的作用

1. 产籍资料通过图纸和数字统计，可以直观地反映一个城市、一个地区房地产的现状和历史全貌，从而为城市规划、城市建设、房地产经济的发展提供基础资料，为城市管理、房地产管理、处理房地产社会经济生活问题，开展预测、决策、规划、计划提供依据。

2. 确认房地产产权归属，保护所有人、使用人和经营人等的合法权益，为司法部门、行政机关处理房地产纠纷案件提供依据，维护法律的尊严，促进安定团结。

3. 通过产籍管理，做到情况明、底数清，可充分发挥行政管理的组织、协调、服务、监督职能的作用。

由于房地产产籍管理是一项基础性的、经常性的工作，也是体现房地产管理水平的重要标志之一，因而，房地产行政管理部门必须把这项工作放在重要地位，认真做好。

四、房地产产籍管理的方法

（一）建立房地产档案

房地产档案的建立，一般以地号（丘）为单位，把房地产权登记所有的证明文件，如房地产权登记申请书、墙界表、产权证件、收据、存根以及分户平面图等登记资料，按产生的前后次序，结合相互联系，编写序号、目录、卷面，装订成卷。一个地号如有几个所有权，在总目下列分目，每一分目为一户房屋所有权。装订好的档案，统一按照地号顺序，立架排列，专柜保管。制定档案的保管和调阅制度后，即可投入使用。

建立产籍档案应采取流水作业方法，即每发放一处房地产权证，就及时立卷、建档、制作卡片，并及时移送档案资料室。

（二）产籍资料的要求

1. 产籍资料必须全面、真实、准确、及时。各级资料管理人员要有全局观点和事业心，在汇集产籍资料时，要进行全面收集、仔细调查研究和筛选，按照产籍管理的质量要求做到资料来源全面、内容真实、数字准确、反映及时，并坚持"致用"的原则，因而要抓好以下四个环节。

（1）全面收集：产籍资料来源于房地产管理的各个业务部门，种类繁杂，为了使产籍能正确反映本地区房地产面貌，必须从各业务部门收集已建档的有关资料和尚未入档的有关资料，对这些资料要全面收集，因为只有这样才能去粗取精，有筛选余地。

（2）系统整理：所谓系统，大体可按总登记、清查换证、产权变更三个时期的内容进行整理。收集的资料先按三个时期划分，再按产籍管理的需要选定。

（3）科学保管

1）登记封套（总登记、清查换证、产权转移）内的资料，按发生时间顺序排列，有的需粘补、复制或抄录，这样才能使内容完整。

2）图纸。如前所述，目前有四种图纸。地形图、产籍图照原样保管、分户图等映稿都要按图幅号分别编成目录。分户图的目录要注明地域、地号和该图所在的箱柜号。

要制做适合保管各类图纸的箱、柜。应平放，不准折叠。通过目录找出箱柜号，即可找出需用的图纸。

3）卡片。制做卡片抽屉，分别按区域地号、产权类别编号保管存放，为查找方便按卡片性质各自编出目录。

地号卡片分区域按地号顺序编目录；产权类别卡片按不同产权类别划分后，各类产权按房屋坐落区域、道路、里巷、胡同编目录。

4）账、册等。按总登记、清查换证和变更登记三个阶段划分，而后每一个阶段中的账册再按年月顺序装订成册，册数多的可编目录，一般的从不同阶段的年月即可查找。

（4）良好服务：产籍资料是为城市建设、房地产生产、经营、管理等服务的，因而要求做到"能用"、"可用"。比如建立卡片可以起资料索引作用和统计作用，今后随着建设事业的发展，卡片的编制就不能拘于现有两种，应根据需要，另行增添新的内容。

（三）建立健全产籍管理制度

产籍管理要保持经常性，对房地产现状和产权情况要认真掌握，做好登记，及时修正，保证真实可靠。同时为了更好地为房地产管理和城市建设服务，必须建立健全严密的保管、查阅、保密和安全制度。

1．健全档案管理制度

房地产行政管理部门必须设立房地产档案资料室，根据国家档案资料管理的要求，制定档案管理制度和产籍资料的变更制度，及时做到产籍资料和实际情况相符。

档案的保管，一律按地号顺序排列，要求柜装保管。为便于查找，档案柜门要标明封套起止地号。

档案库房要专室专用，随时保持整洁，确保档案资料的安全，要求做到"八防"，即：防火、防水、防盗、防潮、防虫、防鼠患、防尘、防强光。库房除档案管理人员外，禁止他人入内，库房严禁吸烟，并应有明显标志。

2．严格调阅和保密制度

根据国家档案局的规定精神，产权、债权档案要限制使用，因而对查阅手续和查阅范围要做出规定：

（1）建立查阅、借阅及利用效果登记簿。

（2）房地产专业管理人员调档查阅，必须进行登记。

（3）司法部门办案需要，须持单位介绍信。

（4）因政审需要查阅，须有区、县、局一级介绍信。

（5）房屋产权人及所在单位不能查阅档案。

（6）要严格遵守保密制度，档案资料非经特殊批准，不允许外借。

（四）建立健全产籍管理机构并形成系统

产籍资料内容繁多，涉及面广，为加强管理，达到"致用"的目的，必须实行统一领导，分级管理，根据具体情况，可设市、区、基层三级管理机构，加强人员培训，做到系统化、科学化，以发挥整体功能作用。

1. 建立房地产测绘队伍。从事房地产产籍的调查、产籍图的测绘和修正测绘等工作。

2. 充实房地产产籍管理队伍。健全房地产档案室，贯彻管理人员相对稳定的原则，以保证工作的连续性。

（五）实现产籍管理的现代化，科学化和法制化

综合运用现代管理科学，采用先进的科学技术。如电子计算机、静电复印技术、缩微与高密度信息存储技术及通信传输技术等，以提高产籍管理的质量和效率。总之，以现代化的管理思想作指导，程序化的管理方式和规范化管理作基础，网络化的管理组织作保证，并把产籍管理纳入法制建设的轨道，以实现产籍管理现代化的目标，服务于房地产业的发展。

第三节　房地产测量

一、房地产测量概述

（一）房地产测量的涵义

房地产测量是为城市建设和房地产管理服务的一门应用技术，是调查和测定房地产自然状况和权属状况的专业测量。具体地说，就是根据房地产产权管理的要求，以权属为核心，以单位界限为基础，用测量的手段，对土地、房屋平面位置、形状、面积等绘制成房地产平面图，并用房地产调查表辅佐图面之不足。

（二）房地产测量与产权产籍管理的关系

房地产产籍图是产权产籍管理的基础资料，房地产测量是产权产籍管理的技术手段，房地产产权管理的任务是清查房地产权，只有通过测量才能形象地掌握，而且要做到不重、不漏，位置准确，数据确凿，保证审查确权工作的质量。

房地产测量在理论和作业程序上，与一般测量相同，属自然科学范畴，有其固有的规律，但房地产行政管理属于社会科学范畴，故对房地产测量的技术特点必须充分重视，以达到符合测量规范的基础上适应房地产产权管理的需要。

房地产测量必须以产权登记、确权工作为依据，并根据权属关系的变化不断修测，以保持房地产图与实际相符。

二、房地产测量的任务和要求

（一）房地产测量的任务

房地产测量主要是要绘制符合规范的图、表，准确地反映房地产的自然状况和权属情况，为审查确认房地产权提供可靠依据。

1. 房地产平面图的测绘

房地产平面图包括产籍图、分幅图、分户图等，为了节省人力、物力和财力，应尽量利用已有的测绘成果，采用国家坐标系统或地方坐标系统，在首级控制点下加密基本控制点和图根控制点，划分图幅，逐幅绘成房地产分幅平面图、产籍图等。同时可依据图形逐块土地、逐幢房屋计算面积，清理产权，避免重复或遗漏。

2. 房地产调查

即利用已有的地籍图、地形图以及有关房地产资料，以地号为单位进行实地调查。调查内容包括房屋坐落、房屋产权人姓名和土地使用权人姓名、产别、产源、界标、面积、他项权利、用途、房屋建筑结构、层次、建成年份、墙体归属等基本情况，并绘制房屋权属界线和土地权属范围示意图。

3. 面积计算

对于房屋和土地等面积的计算必须独立测算两次，其误差应在规定的限差之内，面积以平方米为单位，保留小数点以后两位数字。

4. 建卡

以地号为单位建立房地产卡片，按门牌或地号顺序排列，并扼要记载房地产基本情况。

5. 房地产图的变更测量、修测和补测（复丈）

为了保持房地产图的现实性，必须及时和定期地进行变更测量。随着城市建设的发展，成片危旧房屋改造、城市外延开发、建制镇的增加等，要及时增测、补测，同时要修正表、卡，以保持图、表、卡与现状相符。

6. 绘制各种专用图

以房地产图为基础，根据城市规划、建设和房地产管理的需要，按不同的比例尺编绘各类房屋分布图、土地分类图、居住密度图、地下管线网图等各类专项图纸。

（二）房地产测量的要求

房地产测量的要求，总的来说，就是严格执行规范，确保精度，实量界址边长、准确计算面积。

1. 严格执行规范

房地产测量工作必须严格执行1991年5月1日国家测绘局发布的《房地产测量规范》，以实现房地产测量的标准化。

2. 确保精度要求

采用与永久性的控制网（国家坐标系或地方坐标系）相联测的测量方法，测算出界址点的坐标数据，确定房地产权属范围、位置和形状，以避免原有建造物、围护物或界标作为权界一旦被破坏而无准确的界址点或界址线，无法确定权界和形状。另外，房地产的产权人最为关心的是本户建筑物、围护物的界址点与相邻户建筑物、围护物界址点的相对关系位置和关系距离。因而，房地产测量既要测算出房地产权界的界址点坐标数据，同时也必须达到"相邻"精度的要求。

3. 实量界址边长

对于较短的界址边，一般在200m以内边长应实量距离，如距离长或不便实量的界址边可用解析法或图解法计算出边长数据。

4. 准确计算面积

房地产的各种面积计算，一般采用几何法、解析法和机械法等。为避免出现差错，进行三级控制和三次平差，图幅的理论面积控制街坊面积和其他占地（如道路、河流、空地等）面积；平差后的街坊面积控制权属单元面积；平差后的权属单元面积控制建筑物占地面积和权属单元内的空地面积。

（三）地形图和地形测量

1. 地形测量

测量工作的根本任务是确定地面的点位。就局部区域而言，可将地球视作圆球，半径为 6371km。如测量区域的半径小于 10km 时，可将地面视作水平面。此时，地面点的空间位置可用该点在水平面上的平面位置（坐标）及该点的高程来表示。

点的高程指该点到大地水准面的垂直距离，也称海拔。大地水准面上的高程为零。

2. 测量规范和地形图式

(1) 测量规范是测绘工作所依据的立法性技术文件，是各种测量工作必须遵循的基本依据。内容为测量作业的统一规格，包括测量控制网布设方案、技术设计、仪器检验、作业方法、成果记录整理、检查验收等技术工作的规定。在房地产测量中主要执行《城市测量规范》、《地籍测量规范》、《房产测量规范》等。

(2)《地形图图式》是测绘和使用地形图所依据的技术文件。在图上表示实地地物、地貌的符号总称图式。在房地产测量中主要执行《地形图图式》。

(四) 产籍图和产籍测量

如前所述，产籍是由地籍演化而来的。

地籍是反映土地及土地附着物的位置、质量、数量、权属和利用现状等有关土地的自然、社会、经济和法律等基本状况的资料。

产籍测量是为房地产管理和利用提供图纸、数据、文字资料等基本信息和依据的工作，是产籍管理的基础性工作。

基础产籍资料包括产籍图、产籍册和产籍登记档案。产籍资料具有四大功能，即产籍利用管理功能、规划功能、税收功能和法律功能。

1. 房地产分幅平面图及编号

(1) 分幅平面图的编号是根据测量规定的坐标系统，针对地形繁简情况，采取不同的比例测量编制的。图幅互相拼接成为整体。一些大城市把坐标 0 点设在市内一高大建筑物上，通过原点测量出该点真子午线（即 x 轴），和与 x 轴垂直的 y 轴，组成该城市独立的坐标系统。x 轴与 y 轴把平面划分为四个象限，顺时针旋转，右上为第 I 象限、右下为第 II 象限、左下为第 III 象限、左上为第 IV 象限，亦称北东、南东、南西、北西象限。图幅有矩形和正方形的分幅方法。矩形的分幅方法是在 x 轴上从 0 点向上（向北）或向下（向南），每隔 200m 为一分幅单位。在 y 轴上从 0 点向右（向东）或向左（向西），每隔 250m 为一分幅单位，从而，在平面坐标系统内形成若干 250m×200m 的长方形方格，面积为 5 公顷，合 75 市亩（正方形图幅边长均为 250m），每一个方格绘制成一幅 1：500 比例尺的图。对 1：1000 或 1：2000 的分幅编号，均以 1：500 的为单位，将相邻的图并列。图的编号，首先注明象限，然后列出北（南）向的单位数，加一横线，再列出东（西）向的单位数。如图所示，第一象限影线部分为 1：500，图 I 4-7。第三象限的影线部分为 1：2000，图 III 2-3/3-4。

(2) 房地产产籍图的编号，是（分区、县）按自然地形划分为若干个号，由小到大统一顺序编号，每幅图编一个图幅号，图内注明的四邻图幅号，每个图幅内设若干地号。地号从小到大。起迄号以一个地号为独立系统。地号下可设支号，依次排。

(3) 地号。是以一个权属单位相连的用地范围在一幅图内的编号，也称"丘"号

地号编写的方法是在一幅图内按自然地形，由左向右，从上到下，顺序编排，并用阿拉伯数字注记。

(4) 栋号（幢）。是指在一个地号内或一个院内有两栋以上的房屋，按栋编排的号码。

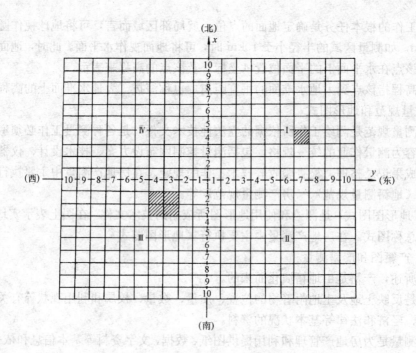

图 3-1　分幅平面图及编号示意

栋号的编排，一般是从大门口起，由左至右，从前到后的顺序编排，用阿拉伯数字注记在房屋外框内的左下角。

以上图幅号、地号、栋号形成有机的联系，图幅号反映一块地域在地球上的相对位置；地号反映一起权属土地在一块地域内的位置；栋号反映在一个地号内房屋的位置。

2. 户地图（分丘图）

户地图是分幅图的局部明细图，是作为房地产权属依据的产权图，具有法律效力。根据核发房屋产权证和土地使用证的需要，比例尺分为 1：100～1：500，以门牌、户院、产别及其所占用土地范围，分地号（丘）绘制。

3. 分户图

分户图是在分幅图基础上，以一户房屋所有权及用地范围为单位测绘的。比例尺根据房地面积大小，分为 1/100、1/200 不等。它反映每一户的房屋产权和土地使用权情况。如房屋坐落、产别、产权人姓名、房屋建筑结构、层数、建筑面积、占地面积、房屋类型、建成年代、经界四至等。此图为房地产登记测绘的平面图，经复制可作为产权证的附图。

4. 房屋分层分间平面图

是以每户房屋的产权人为单位，对每幢每间房屋测绘的详图，是分户平面图的附图，主要反映该幢房屋的权属关系、面积大小、楼梯过道部位、相邻房间权属关系等。

思 考 题

1. 什么是房地产的产籍？
2. 产籍资料的内容都包括哪些？
3. 产籍管理的作用是什么？
4. 产籍管理的要求是什么？

第四章　地产行政管理

地产行政管理是房地产行政主管部门对城市地产以及有关经济事务的管理。

城市是一个行政区域的政治、经济、文化的中心，土地是城市的载体，城市建设最重要的工作首先是对土地的开发利用。加强城市土地行政管理必须贯彻执行土地管理的各项方针政策、法律法规，维护土地的社会主义公有制，调整土地关系，合理组织土地利用。

随着国家经济体制改革，实现城市土地国有化，实行国有土地有期有偿使用，合理配置极为宝贵的土地资源，充分发挥城市土地的经济效益、社会效益和环境效益的作用是地产行政管理的重要任务。

第一节　城市土地概述

一、城市土地概念

（一）土地的涵义

土地是地球表层的陆地部分及其附属物。从横的方向看，土地包括除海洋以外的内陆、水域（江、河、湖泊和滩涂）。从纵的方向看，土地包括土壤、地貌、岩石、矿藏、植被以及人类活动各种结果组成的自然和经济的垂直综合体。自然条件和经济条件，对土地的形成和发展起着非常重要的作用。在社会生产中，土地是重要的生产资料，是宝贵的资源。在人类生活中，土地是重要的生活要素，是万物存在寄生的本原。

对于土地的涵义，人们的认识不尽一致。有的人认为土地就是地面和土壤，实际土壤仅是地球表面，具有培育力的疏松表层，而土地的涵义要比土壤广阔得多。另外，土地和国土也不是同一概念，就国家而言，土地是指一个国家的土地面积，而国土则是指一国主权管辖的版图，包括领土、领海和领空。

城市土地，是指规划区范围以内的土地，它主要起承载力的作用。

城市地产是城市土地主要组成部分，即建筑地段。作为生产建设使用的地产是不动产，土地经过多次劳动加工，凝聚着巨大的物化劳动和活劳动，因此它具有价值和使用价值，从而也具备了商品的性质。

地产行政管理是研究国家管理、调整地产权属和经济利用的关系，即调整生产关系，以适应生产力的发展。

当前，在我国社会主义现代化建设新的历史时期，随着各项建设事业的发展，城市用地日趋紧张，珍惜和合理利用土地，充分发挥城市土地的功能和作用，成了城市地产行政管理的重要课题。

（二）城市土地的分类

土地的分类是城市规划的核心，是进行有效管理的基础。依据土地的用途，可将土地分为四大类：

1. 建筑用地，亦称地产。是各类建筑物的基地，其中又可细分为：

(1) 住宅用地：即建筑住宅的基地，其中也包括院内空地。

(2) 商业用地：指商场、饭店、仓库、货栈等专业用地的基地。

(3) 工业用地：指工业厂房、仓库等用地。

(4) 公共事业建筑用地：如煤气、公交和丧葬等事业用地。

(5) 文教卫生用地：学校、医院、影剧院等用地。

(6) 其他建筑用地。

2. 公园绿化用地。

3. 农业用地。

4. 其他。

二、土地的特征

土地作为一种自然物所具有的自然特征与土地经济利用之间存在着互相依存和相互制约的关系，正确认识和把握土地的自然特征和经济特征，对于合理开发利用土地资源具有非常重要的意义。

（一）土地的自然特征，是土地自然属性的反映

1. 位置的极端重要性

任何一种土地，不管其利用价值的高低，都要受其所处地位的影响。如，在商业用地中，是否接近人口密集的繁华区域，会直接影响商品销售和商业利润；在工业用地中，交通便利与否，会导致生产成品和销售价格的增减变化；对于住宅用地，其位置是否适宜，会直接关系到居民的工作、生活的便利和身体健康。尤其土地位置的差异因素是决定城市土地的租金和地价的关键。

因此，土地的位置在城市建设中具有特殊重要的地位。

2. 面积的有限性

土地具有原始性，不可再生性。土地是地球的陆地部分，受地球表面陆地部分的空间限制，土地面积是有限的。海洋和陆地的面积固定比率为 2.5：1，在地球表面积 51000 万 km^2 中，人类只能在 14900 万 km^2 的陆地上生活，人们可以改良土地，改变土地形态，但却不能扩大（或减少）土地面积，创造土地实体。因此，必须充分、合理利用土地。

3. 土地的永久性

一般的生产资料会陈旧、磨损、报废，而土地具有永久性、持续性，只要合理利用就不会报废，甚至还会不断改良。但是如果违背自然经济规律，不合理地开垦利用土地，将导致自然生态系统的破坏，使土地的生产能力下降，使人们受到自然界的惩罚。因此，必须按照自然规律，进行周密规划，正确利用土地。

4. 利用的固定性

土地是固定的，不能随意移动。土地上的建筑物、构筑物等不可能在短期内随意改变位置或用途。如城市中现代化的高楼大厦，建成后可能利用数十年乃至上百年，如再想改变土地的用途很难办到。因此，对土地的利用要周密考虑，选好位置，因地制宜，确定合

理的利用结构，以充分发挥土地的最高最佳使用效能。

（二）土地的经济特征，是人类在占有和利用土地中，出现的生产力组织和生产关系方面的特征

1. 供应的稀缺性

供应的稀缺性具有两个方面的涵义：

一是，绝对稀缺，是指不论是城市土地或一般土地的绝对数量是有限的，不会增加。

二是，相对稀缺，是指人口不断增多，城市建设不断发展，特定位置的土地需要量增大，而引起稀缺。

由于土地具有稀缺性，在商品生产的条件下，必然要表现土地的地租和地价方面的波动，所以必须针对土地的稀缺特征，利用经济手段，控制和集约利用有限的土地资源。

2. 报酬递减率

指对土地利用，投入越多，收益越大，但到一定限度，继续投入，收益不但不会增加，反而会下降。如，建筑房屋的收益，因随建筑层数的增加，土地利用的节约，可以增加收益，但达到一定高度，如再增加层数，则因建筑结构、设备安装的要求加大投资以及容积率等方面的限制，收益不但不会增加，反而会相对减少。

故此，报酬递减率反映投资和收益的关系并非永久不变。所以说，这一规律是调节土地合理利用的重要经济规律。

3. 价值的期待性

由于土地的不动性和稳定性，决定对城市土地的投资和利用方向也是固定的，不易转变的。因为房屋一经建成，需要使用几十年以上，很难改变土地用途，而人们对土地的投资动机总是建立在对今后土地将带来收益的期望上。因此，地产价值的期待性，是对土地管理进行预测、调节利用过程中所必须掌握的。

三、土地在城市建设中的地位和作用

城市土地，从地区上讲，可以分为三个层次，即城市市区（建成区）、城市规划区（包括规划区内的县、镇）、城市行政区（包括市区、郊区和农村）。本书重点讨论城市规划区以内的地产。

（一）土地在城市建设中的地位

由于土地的地位至关重要，对土地的研究已经引起世界各国的普遍关注，所谓土地问题，归根结底是土地关系和土地利用问题。在剥削阶级社会，使土地占有和土地经营长期分离，严重地束缚了土地生产力的发展。在社会主义社会，实现了土地公有制，为充分合理利用土地，开辟了广阔的前景。

土地对于国民经济各部门的建设和发展有着极其深远的影响，土地与人口、土地与生产建设、土地与环境、生态等的关系，都集中地反映了土地问题在整个国民经济建设中所占的重要地位。

可见，合理利用土地，珍惜极为宝贵的土地资源已经成为我们的国策。为此，国家要对土地利用加强统一规划和管理，在城市要调整工业的不合理布局，综合利用"三废"，进行化害为利的综合治理，这不仅是关系到生产力的发展，也是影响子孙后代生存的大

问题。

（二）土地在城市建设中的作用

1. 为城市建设提供承载能力

土地是多因素组成的，包括人类活动影响在内的自然和经济的综合体，是人类生产活动和生存发展最基本的物质条件，为城市建设提供承载能力。土地上一切有生命和无生命的物体，城市中的各种建筑或装备都是由土地把它们承载起来的。地产的这种承载功能对城市建设起着极为重要的作用。没有土地，人类生活就无立足之地，自古为人们所重视，我国古代学者管仲曾经说过："地者，万物之本原，诸生之根菀也"。说明土地是人类生产、生活不可缺少的物质资料和要素。

2. 为城市建设提供生态环境

从广义的概念出发，土地本身也是环境，是一个土地生态系统。

城市是人口和工业密集的地方，为了搞好城市建设，要求有一个较好的水文、植被、地貌和充足的阳光和清新的空气等条件。由于土地是自然界物质能量转换中心，以它特有的物理性能、化学性能、生物学性能和气象等条件，为城市提供生态环境。

在城市土地利用中，要注意促进环境的不断改善。当物质和能量循环系统的某一环节受到自然因素和人为因素的不良影响，循环系统将受到破坏，进而产生环境污染。因而，必须进行综合治理，以保持生态环境的平衡。

另外，土地还具有资源功能（如金属、石油、煤炭矿藏和水资源等）、景观功能等，所以对土地合理利用开发是充分发挥土地功能的客观要求。

第二节　城市土地管理

一、城市土地行政管理的涵义

城市土地行政管理是国家的管理，国家用以维护土地的社会主义公有制，调整土地关系，合理配置土地资源，贯彻执行国家有关土地开发利用和保护等方面的政策、法规、技术规范等综合措施。

二、城市土地管理的方针

城市土地国有化，是确定城市土地管理方针的依据，因此，城市土地要贯彻执行维护土地的社会主义全民所有制。国有土地要实行有偿使用，保护耕地，节约建设用地，十分珍惜和合理利用每一寸土地的方针。

三、城市土地管理的任务

社会主义的土地管理是确定和巩固社会主义土地公有制的法律措施，而且也是为实现合理地组织土地利用，为国民经济各部门及时提供地产数量、质量的信息，为保护和改造土地而实行的一项综合措施。

城市土地管理在我国社会主义革命和社会主义建设的不同时期具有不同的内容和重点。

解放初期，城市土地管理的主要任务是：推翻半封建半殖民地的土地制度，建立新型的社会主义土地所有制和土地使用方式。

随着社会主义建设事业的发展，城市土地管理的内容逐步从侧重于土地权属管理，转向土地使用管理方面。

当前，我国进入社会主义现代化建设新的历史时期，城市土地管理的各项制度正在逐步完善。

现阶段城市土地管理的任务是：

（一）维护城市土地国有制度

任何国家都要通过国家机器维护符合统治阶级利益的土地制度，我国实行城市土地国有化，因而要维护社会主义城市土地国有制度不受侵犯。

（二）调整土地关系

调整土地的权属关系，即调整土地所有权和使用权关系的确立和变更的处理。

如土地登记和发证，权属受国家的确认和保护。土地征用是权属的变化等。

（三）合理地组织土地利用

合理地组织土地利用，是土地管理的核心问题，是土地管理的根本目的之一。

所谓土地利用，即根据人类某一目的，按土地资源进行干预活动。城市土地利用包括两个方面的内容：

其一，是非农业利用：作为基地场所，操作空间。

其二，是改造和保护：属开发性的利用，如平整土地。

（四）贯彻执行政策法规

贯彻执行《土地管理法》、《土地管理条例》等。

采取行政手段、经济手段和法律手段加强土地管理，同时，对土地的技术管理也要逐步健全起来。

四、土地管理的内容

城市土地管理的内容，主要有以下方面：

（一）城市土地调查

城市土地调查是查清城市土地的数量、质量以及分布和利用状况，及时掌握城市土地的基本现状和动态变化，为城市建设、为国民经济计划和城市的房产管理决策，提供基础资料。

城市土地调查包括土地测量和土地利用现状调查。

1. 土地测量

土地测量是明确经界，清理地权等工作的基础。

解放后，城市房地产管理部门，在接管旧政府原有地籍资料的基础上，对土地进行了全面地测量，对土地所有者和使用者进行了全面的清查，初步掌握了土地权属经界情况。

2. 土地利用现状调查

城市土地利用现状调查，是指在城市行政区划范围内，对土地利用现状进行全面调查。包括全面查清土地总面积，利用现状分类面积，查清各单位和个人用地面积，以及未利用的空地面积，并编制地产利用现状图表等。

城市土地利用现状调查是为了给城市土地管理（包括规划管理、产籍管理等）提供完整准确的依据。因此，要强调调查资料的真实性、完整性和现时性，并且要随着动态变化而及时修正，以保证土地利用现状调查资料的准确性。

（二）城市土地权属管理

权属管理主要是确定和维护与社会生产力相适应的土地关系和土地所有制。我国现阶段权属管理的主要任务是，巩固并不断完善社会主义土地公有制，保护并监督土地资源的合理利用，调动土地使用者开发、利用土地和改善土地使用的积极性，预防和调解土地权属纠纷。

权属管理的主要内容：

1. 土地所有权和使用权的确定；

2. 土地权属的变更；

3. 调解土地纠纷；

4. 制定土地管理法实施条例和细则。

（三）城市土地规划管理

城市土地规划管理是城市土地使用性质的管理，是城市建设规划的有机组成部分。

城市土地管理的职责是：编制城市总体规划，统一审批城市用地面积、位置，确定城市开发方式；根据国民经济和社会发展计划，对城市发展的要求和建设方针进行全面地、系统地安排和约束，并对使用性质进行监督。

城市土地规划管理的目的：是要依照各项技术、经济政策和有关法令规定，并参考城市自然的、社会的、经济的历史情况和现状，合理地、科学地安排城市各项建设用地，确定城市区域的地产利用和各项建设的总体布局。

（四）城市土地开发管理

城市土地开发，是根据经济建设的需要，并按照用地规划的要求，改变土地的使用方式，进行投资改造，以提高土地利用价值，提高土地的经济利用程度，增强社会效益和环境效益。

城市土地开发，按照土地利用性质，可以划分为新区开发和旧区开发；根据土地开发的内容，可以分为单项开发和综合开发。城市土地的开发，对于城市空间的发展形式，城市土地的宏观效益和对土地利用模式有重要影响。

城市土地的开发管理，是根据建设规律的宏观要求，建立科学的开发程序，以取得良好的效益。近年以来，我国对城市土地实行综合开发，已取得初步经验，实践证明，综合开发的制度比较系统完整，切实可行，应推广施行。

五、城市土地使用管理

城市土地使用管理是有领导地控制、组织和监督、检查城市土地的占有和使用情况。对滥用、浪费土地和违章用地的行为依法进行处理。

国家各项建设都要在土地上进行，各建设单位都必须先向规划部门和房地产管理部门申请建设用地，经批准后，进行征地、补偿、拆迁安置、平整土地等，各项建设才能得以实施。因此，使用管理是城市建设的先行，是城市地产管理工作的重要部分。

第三节 国家建设征用土地

一、国家建设征用土地的涵义

根据《宪法》第十条规定，国家为了公共利益的需要，可以根据法律规定对集体所有的土地实行征用。所谓国家建设征用土地，是指城市的外延开发，把原为集体的农业用地，通过征用的形式变为国家所有的城市建设用地。国家建设征用土地具有三个特征：一是具有强制性；二是征用后发生土地所有权的变化和使用方向的变化；三是必须妥善安置被征地单位和农民的生产和生活。因此，征用土地不单纯是一项事务性的工作，而且是一项政策性和群众性很强的工作。

二、征用土地政策的根据

征用土地政策是根据《宪法》和《中华人民共和国土地管理法》的规定，为合理使用土地资源，保证国家进行经济、文化、国防建设以及兴办社会公共事业所必需的土地，需要使用集体所有制的土地时称为土地征用。使用国有土地时不叫征用，而是采取有偿出让和划拨的办法进行。对征用后的土地产权，依照《中华人民共和国土地管理法》第二十四条规定："国家建设所征用的集体所有土地，所有权属于国家，用地单位只有使用权。

三、建设用地的审批

要把规划管理工作做好，促进城市建设，必须掌握好用地原则，用地的审批程序及审批权限。

（一）用地原则

第一，各单位进行建设都必须符合城市发展规划的要求。

第二，各项建设工程都必须按照节约地产合理用地的原则制定建设用地计划。地产管理部门在批地时，必须认真审查，凡有荒地可用的，不得利用耕地，凡有劣地可用的，不得占用良田等等。

第三，建设用地单位必须持有按规定程序批准的国家或地方建设计划的有关文件向城市土地管理机关提出申请，经城市地产管理部门会同城市规划管理部门及其他有关部门审查批准，发给建设用地许可证后方可用地。

第四，用地单位必须严格按照批地范围使用地产，不得超出地产管理机关划定的红线。

第五，在临时用地上，不得兴建永久性和半永久性建设工程，临时用地期限不超过两年，期满时应由用地单位负责交回。因故不交回的，必须一个月内重新履行报批手续，经审查批准后方可延长使用期限，使用期满的临时用地，其使用单位应无条件拆除临时用地上的一切设施，并恢复原状，交回地产。

（二）征用土地工作程序

《中华人民共和国土地管理法》对征用土地的工作程序作了明确的规定。

1. 申请用地

由建设用地单位完成。递交下列文件：

（1）建设用地申请书；

（2）计划部门或上级主管部门批准立项文件（任务书）；

（3）规划部门核发的建设项目选址意见书或建设用地许可证及选址范围地形图；

（4）对环境有影响或在特定地区征地项目应附环保部门核发的环境影响报告书；

（5）设计单位出具的建设项目用地说明书及1/500的用地平面图；

（6）金融部门出具的建设项目专项资金证明或会计师事务所出具的资信证明；

（7）农业部门出具的非菜田保护区证明；

（8）非耕地证明；

（9）土地管理部门所需要的其他材料。

2．审批用地单位的文件

由土地管理部门负责审查。

（1）审查各种文件的可行性；

（2）审查土地利用是否遵循了节约用地原则；

（3）对用地范围进行核定。

3．拟定征地方案

土地管理部门组织建设用地单位和被征地单位及有关部门共同拟定土地补偿、补助、拆迁安置方案，并主持签订初步协议，报同级政府审批。

4．核批用地

土地管理部门对申请用地审查的结果，如用地指标、数量、征地协议等，提出审查报告，报主管领导（或报上级人民政府）核批。

5．划拨土地

建设用地单位的申请，经县级以上人民政府依法批准后，由项目所在地土地主管部门根据批准的文件内容，签发用地批准书（建设用地许可证），并通告建设单位依照国家规定和批准的征地协议，交纳各种税费。

6．建设用地的管理

土地管理部门会同有关部门落实安置措施，督促被征地单位按期移交土地，处理征地过程的各种争议，填写征地结案报告。

7．颁发土地使用证

建设项目竣工验收后，由用地单位向当地土地管理部门提出土地登记申请，经测绘制图、核定用地面积、确认土地权属界限，注册登记，由人民政府颁发土地使用证，作为用地凭证。

8．建立征用土地档案

整理收集征用土地形成的文件，包括：用地单位的申请、地价评估报告、规划部门批准的宗地规划条件、出让土地呈报表审批意见、土地合同、用地单位交纳全部土地价款发放土地证、建立土地有偿使用档案。

（三）用地审批权限

各项建设需要使用耕地的，均需按《国家土地管理法》第二十五条规定的审批权限办理，即："征用耕地，一千亩以上，其他土地二千亩以上的，由国务院批准；征用省、自治区内的土地，由省、自治区人民政府批准；征用耕地三亩以下，其他土地十亩以下的，由所在县级人民政府批准；征用直辖市区内土地，由直辖市人民政府批准"。

临时用地的审批，由用地单位向批准工程项目用地的机关申请批准后，签订临时用地协议，并按协议规定执行。

四、土地及地上物的补偿

征用土地是指国家建设征用集体所有制的土地，为了补偿被征用地单位和农民，用于农田基本建设中投资的损失，应付给合理的土地补偿费和补助费，按照国家规定，在补偿和补助方面有以下几项：

（一）土地补偿费

是指土地本身的补偿以及和土地有密切联系的生产投资的补偿，也就是被征用单位和农民进行劳动投资和物质上的投资，因征用而受到损失的补偿，但不是土地价格的补偿。

1．土地补偿标准

1987 年 1 月 1 日施行的《中华人民共和国土地管理法》第二十七条对土地补偿费作了明确规定："国家建设征用土地，由用地单位支付土地补偿费。征用耕地补偿费，为该耕地被征用前三年平均产值的三至六倍。征用其他土地的补偿标准由省、自治区、直辖市参照征用耕地的补偿费规定"。

对土地补偿费的计算是按照土地类别，以亩/元为单位，根据各个地区的土质和产值情况，算出一年的平均产值，再找出土地补偿标准的倍数，乘年产值算出补偿金额。如年产值每亩 1000 元，标准为 5 倍，公式：$1000 \times 5 = 5000$ 元，每亩补偿费为：5000 元。

2．田园改造费

此项费用一般不交给被征土地的集体单位，而是由主管农业的政府机关统一管理使用。以解决新园田开发的资金不足或对集体开发的补贴。

3．青苗补偿费

均以当年的投资补偿。但由于种值的种类较多，要分别计算。如种植的是蔬菜，按它的投工投料等计算；如果是树木按栽培年限和收入情况计算。

4．地上附着物补偿

如水井可根据井的口径、深度、材质计算。猪（牛羊）棚、马厩、柴间等，可根据平米建筑材质计算。在征地中，需拆除的附着物，由于各地区的建筑习惯不同，式样、用料也不同，大小、质量的差异较大。因此，很难制定统一标准应根据具体情况，限制在一定幅度范围内确定。

（二）安置补助费

土地是农民的主要生产资料，农民没有土地就不能生活，农民耕种的土地被征用后，必须安排他们的生活，用地单位要按国家规定给予合理的安置补助费。补助费的标准，是保证他们不因土地被征用，而降低他们的生活水平。

《中华人民共和国土地管理法》对安置补助费的标准，作了明确规定："征用耕地的安置补助费，按照需要安置的农业人口数计算。需要安置的人口数，按照征用耕地除以征地前被征地单位平均每人占有耕地的数量计算。每一个需要安置的农业人口的安置补助费标准为该耕地被征用前三年平均每亩年产值的二至三倍。但是，每亩被征用耕地的安置补助费标准，由省、自治区、直辖市参照征用耕地的安置补助标准规定。

对按规定支付土地补偿费和安置补助费，还不能使需要安置的农民保持原有生活水平的处理问题，《中华人民共和国土地管理法》第二十九条规定："依据本法第二十七条、二十八条规定支付土地补偿费和安置补助费，尚不能使需要安置的农民保持原有生活水平的，经省、自治区、直辖市人民政府批准，可以增加安置补助费，最多不超过被征用前三年平均年产值的十倍。在人均耕地特别少的地区，土地补偿费和安置补助费尚不能使需要安置的农民维持原来生活水平，经省级人民政府批准，可以增加，但土地补偿费和安置补助费的总和不得超过土地被征用前三年平均年产值的二十倍"。

对国家建设征用土地的各项补偿费和安置补助费的发给和使用问题，在《中华人民共和国土地管理法》第三十条中，作了明确规定："国家建设征用土地的各项补助费和安置补助费，除被征地单位土地上属于个人的附着物和青苗的补偿费付给本人外，由被征地单位用于发展生产和安排因土地被征用而造成的多余劳动力就业和不能就业人员的生活补助，不得移作他用，任何单位和个人不得占用"。

（三）房屋拆迁

在国家建设征用土地时，也会出现一些需要拆迁农民房屋和宅基地问题，就必须合理安置他们的住所，并对他们被拆除的原来房屋，本着原拆原建的原则，给予适当的补偿。对农民补偿，是按房屋面积、结构补偿。至于是由农民自拆自建、还是由村委会统一建筑，可视情况具体安排，分别计算，对农民住房的拆迁不同于市民。因为对市民补偿，除按房屋面积、结构补偿，一般不让市民自建，由政府统建或用地单位兴建，除给被拆除户作好住房安置外，并应发给房屋产权人旧房补偿费。

（四）劳动力安置

随着城市经济的发展，征用土地不断增加，使部分农民失去了生产用地，这就造成一部分农业多余劳动力，这部分多余劳动力应按国家规定，进行适当安置。

根据《中华人民共和国土地管理法》第三十一条，对多余劳动力安置规定是："因国家建设征用土地，造成的多余劳动力，由县级以上地方人民政府土地管理部门组织被征地单位、用地单位和有关单位，通过发展农付业生产和举办乡（镇）村企业等途径加以安置，安置不完的，可以安排符合条件的人员到用地单位或其他集体所有制单位、全民所有制单位就业，并将相应的安置补助费转拨给吸收劳动力的单位"。被征地单位土地全部征用的，经省、自治区、直辖市人民政府审查批准，原有的农业户口转为非农业户口。原有集体所有的财产和所有的补偿费、安置补助费由县级以上地方人民政府与有关乡（镇）村商定处理，用于组织生产和不能就业人员的生活补助，不得私分"。

第四节　城市土地国有化及国有土地有偿使用

一、城市土地国有化

1982 年，全国人大五届五次会议通过的《中华人民共和国宪法》第十条规定："城市土地属于国家所有"，宣布了我国城市土地的国有化。城市土地国有化是我国城市土地所有制方面的一场革命，具有十分重大的意义：

1. 城市土地国有化的理论依据

我国城市土地国有化是马克思主义的理论与我国的具体实际相结合的产物。

马克思说："社会运动将作出决定：土地只能是国家的财产。……土地国有化之后，将使劳动和资本之间的关系彻底改变，归根到底，将完全消灭工业和农业中的资本主义生产方式。"（《马克思·恩格斯选集》第二卷，第453—454页）

1982年以前，城市土地经过社会主义改造虽然大部分已属国家所有，但仍有少量的土地属于集体和个人所有，因而给城市规划和城市建设带来一定困难。通过新《宪法》的实施，我国城市土地无论是生产、营业或生活用地一律实行国有。至此，我国城乡土地实现了公有制。即城市土地属于国有；城市郊区和农村土地属于集体所有。这是我国土地所有制方面的重大变革。

2. 我国城市土地实行国有化，消灭了土地私有制，为我国社会主义经济建设和发展创造了有利的前提条件。

城市土地国有化，消灭了阻碍社会主义建设的土地私有制，有利于促进生产力的发展，为城市物质文明建设和精神文明建设创造了良好的条件。

3. 城市土地实行国有化，可以保证社会主义国家有获得地租的权利，保证按照国家的整体利益，支配、使用、管好城市土地，使珍贵的土地得到充分合理地利用。

实行城市土地国有化，国家可以运用经济手段和法律手段，保证全面规划，合理配置土地资源，最有效地实现行政管理的职能。

二、国有土地有限期有偿使用

城市土地是国民经济和社会发展的物质基础。有效地开发、利用土地资源是加强城市土地管理，充分发挥土地效益的重要内容。

我国传统的土地使用制度是行政划拨，即无期、无偿、不许转移的使用制度，出现诸多弊端，不利于土地的有效利用和合理配置。不利于体现企业生产效益，开展公平竞争。造成土地的极大浪费，国家收益的流失，不利于城市经济发展和房地产资金的良性循环，不利于廉政建设，也是产生官僚主义的温床。因而必须实行城市土地有限期有偿使用。

（一）城市土地有偿使用的理论依据

1. 土地资源的有限性，要求城市土地有偿使用。近年以来，我国城市化的速度加快，城市人口猛增，而城市土地供给短缺，受到自然资源的限制，供求矛盾加剧。但是另一方面，用地单位或个人不受经济责任的制约，滥用、浪费土地现象大量存在。

2. 城市土地属于国家所有，必须实行有偿使用。从土地所有制关系来看，地租的占有是土地所有权借以实现的经济形式。我国土地属于国有，故国家有获得地租的权利。

3. 由于我国现阶段是社会主义市场经济，城市土地形成地租的经济条件依然存在，决定必须实行有期有偿使用。地租的形成是超额利润，用地单位和个人的超额收入并不是由于支出较多劳动量的结果，而是因为他们使用了较有利的建筑地段，显然，这部分超额利润由用地的单位或个人占有是不合理的，所以，只有由国家以收取地租的形式占有，才能统筹支配，正确处理国家、集体和个人三者之间的利益关系。

4. 实行对外开放，更迫切地要求土地实行有期有偿使用。我国贯彻引进搞活，对外开放的方针，全国设置若干经济特区和开放了一些沿海城市。不少中外合资、中外合作和外商独资企业占用我国土地从事经济活动，如不收地租，会使外商无偿占用，就必然损害我国的利益和主权。因此国务院于 1980 年 7 月作出《关于中外合营企业建设用地暂行规定》决定："中外合营企业用地，不论新征用土地，还是利用原有企业的场地，都应计收场地使用费"。并规定了收费标准。

我国《城市房地产管理法》明确规定"国家依法实行国有土地有偿、有限期使用制度"并对土地使用权出让、转让作了相应的规定。

中国城市土地使用制度经过十余年的改革探索，找到了一种既能维护土地公有制，又有利于商品经济运行的新制度。即在不改变土地国有的条件下，采取拍卖、招标、协议等方式将土地使用权有偿、有限期地出让给土地使用者，土地使用者的土地使用权在使用期限内可以转让、出租、抵押或者用于其他经济活动，其合法权益受到国家法律保护；期满需要继续使用的，经批准，期限可以延长，同时按当时市场情况补交地价，等于第二次买得土地使用权。

（二）国有土地有期有偿使用的形式

1. 征收土地使用费

按期、按土地等级、用途制定收费标准，按占地数量（面积）计征。

2. 征收土地开发费

地产是经过开发和再开发的土地，在开发过程中投入大量的资金，光靠国家包不起来，必须多渠道筹集，除国家负担一部分外，还可向初级土地使用单位和个人征收一次性的土地开发费。

（三）制定城市土地使用费的原则和方法

1. 土地使用费必须全部上缴国家，形成国家财政收入，在全社会范围内进行统一使用和分配（也有人认为应由城市财政统一收支，作为城建专项基金）。

2. 必须按使用面积和位置好坏收取土地使用费。

3. 实行计划调节，国家可根据不同时期，地区的情况制定不同标准，保持一定灵活性。

4. 土地使用费的税率制定涉及土地统一作价，国家应作统一规定。

（四）城市土地使用费的构成

根据马克思的地租理论（地租＝地价×利息率）。土地使用费包括征地补偿费、土地整理费、市政设施维护费、地产等级价、级差系数、年利息率和管理费。

土地使用费的计算因工业、商业、建筑业、建材业、邮电、铁路、公路、银行、文教、卫生、旅游、娱乐等不同行业而不同，土地使用费的计算还因经营性质不同而不同。如，加工业，在计算生产价格时，要把土地使用费考虑进去；商业在计算营业利润时，也要把土地使用费考虑进去；在城市住宅的租金计算里也要考虑土地使用费。

（五）土地评价

土地评价是对土地生产力的高低和使用价值大小而进行的鉴定和估价。

城市土地评价要注意两方面：一方面应侧重于使用价值的大小；另一方面，由于城市土地以建筑物为主，也应考虑地区繁华、交通便利、绿化环境等差异因素，以保持评价质量。从而为确定地价、土地使用费等标准以及土地规划、开发、利用和管理等方面提供依据。

（六）征收土地使用费的对象

征收土地使用费的对象是通过国有土地有期有偿出让土地的受让者，不论是单位或个人，均应向国家缴纳使用费。

（七）中外合资企业建设用地

近几年来，由于我国实行对外开放，对内搞活的经济政策。中外合资和华侨、港澳同胞合资经营的工业、旅游业、商业、服务业、农牧渔业，以及合资建设的大楼、公寓、住宅等所需的建设用地不断增多。同时，也有一部分外商、华侨和港澳同胞，来我国单方投资开办企业和兴建工程，也需要土地。这类用地必须根据国务院《关于外商投资开发经营成片土地暂行管理办法》办理。

1．用地的政策

举办中外合资企业是加速我国社会主义现代化建设的重大战略决策。为扩大国际经济协作和技术交流，允许外国公司、企业和其他经济组织或个人，按照平等互利的原则，经中国政府批准，在我国境内，同我国的公司、企业或其他经济组织共同举办合营企业。中外合营企业中的建设用地，必须遵照《中外合营企业建设用地的暂行规定》，严格审批程序和签订用地合同，并由建设用地主管部门统一办理征用土地和拆迁补偿安置。中外合营企业不得私自与被征地社队或原用地单位直接接触和洽谈。对合营企业的建设用地只有使用权，没有所有权。中外合营企业合同期满，或因其他原因批准停止经营的企业使用的土地，须交还我国政府，不得自行转让。

2．场地使用费

根据《中外合营企业建设用地的暂行规定》不论新征用土地，还是利用原有企业场地，都应计收场地使用费。

场地使用费包括：征用土地的补偿费用、原有建筑物的拆建费用、人员安置费用，以及为合营企业直接配套的厂外道路、管线等公共设施应分摊的投资等因素。场地使用费具体标准，应根据不同条件分等合理确定。场地使用费确定之后，还要随着经济的发展逐步调整。

3．场地使用费收取方式

场地使用费可以作为中国合营者投资的股本，也可以由中外合营企业按年向当地政府缴纳，由合营双方根据实际情况协商确定。场地使用费作为中外合营企业中国合营者投资的，凡合同规定经营期限的，按合同规定的经营期限一次预收计算。分年向当地政府缴纳场地使用费的，计算方法也可采取多种形式，如按规定标准缴纳，按合营收入的比例提取等。场地使用费从用地合同规定的时间开始计收。

三、国有土地使用权的出让和转让

新的土地使用制度规定，房地产开发用地实行土地使用权出让和行政划拨双轨制。并对行政划拨的范围作严格的界定。

国务院发布的《中华人民共和国城镇国有土地使用权出让和转让暂行条例》规定：

1．城市土地使用权出让，其主体是国家，即指国家以土地所有者的身份将土地使用权在一定年限内出让给土地使用者，并由土地使用者向国家支付土地使用权出让金的行为。

土地使用权出让，由市、县人民政府负责，会同城建、规划、土地、房地产管理部门，对出让地块、用途、年限等条件共同拟定方案，报经批准后实施。

（1）土地使用权出让的方式主要有协议、招标和拍卖三种。

（2）土地使用权出让和受让方之间，必须按照平等、自愿、有偿的原则签订土地使用权出让合同，明确双方权利义务。

（3）土地使用权出让年限，根据《中华人民共和国城镇国有土地使用权出让和转让暂行条例》土地使用权出让最高年限，根据用途分别规定：工业用地50年、商业旅游、贸易用地40年、居住用地70年、文教卫生科研等用地50年、综合用地50年。

（4）土地使用权出让金，由土地使用权受让者，按照合同规定的期限，一次或分次提前支付整个使用期间的地租。逾期未全部支付的，出让方有权解除合同，并可请求违约赔偿。

2.土地使用权转让。土地转让，其主体是土地使用者，即土地使用人将土地使用权再转移（土地使用者之间横向转移土地的经营行为）。它既受市场价值规律的调节，又受政府——土地所有者的监督和控制。

（1）土地使用权转让的条件，是按照土地使用权出让合同规定的期限和条件对土地投资进行开发利用，未满足上项条件的不得转让。

（2）土地使用权转让，原土地出让合同签订的权利义务，由受让人继续负责承担。

土地使用权转让有三种方式，即出售、交换、赠与等形式。土地使用权转让应签订转让合同，并依照规定办理过户登记。如转让价格明显低于市场价格的，国家有优先购买权。

（3）土地使用权可以依法出租和抵押。由租赁双方或抵押双方当事人签订合同，合同不得违背国家法律，并应继续履行土地使用权出让合同规定的义务。

土地使用权也可以合法继承。

（4）土地使用权的终止。土地使用权终止的条件是：

1）因土地使用权年限届满而终止。土地使用权期满，如仍需续用时，可以申请续期，经批准重新签订合同，支付土地出让金，并办理登记。

2）提前收回而终止。特殊情况下根据社会公共利益的需要，国家可以依照法律程序提前收回，并根据实际情况给予相应补偿。

3）因土地灭失而终止。

4）因土地使用者违法而收回土地。

5）因土地使用权受让者未按期支付出让金而终止。

思 考 题

1. 什么是土地，什么是城市土地，什么是地产，其特点是什么？
2. 什么是土地的自然特征和经济特征，其内容是什么？
3. 城市土地管理的方针和任务是什么？
4. 国家建设征用土地的政策和补偿、安置有何规定？
5. 城市土地使用制度改革的理论依据和新的土地使用制度的基本格局是什么？

第五章 房产行政管理

城市房产行政管理是一项政策性很强的工作，涉及面广，是一个很大的系统工程。本章重点阐述公产房屋管理、私有房产管理、城市异产毗连房屋管理、物业管理和房屋修缮管理等问题。

第一节 公产房屋管理

公产房屋包括国有房产和集体所有房产，是我国社会主义房地产经济的主要组成部分。国家对公产房屋贯彻统一领导、分级管理的方针，发挥了公产房屋在房地产经济中的基础性作用。

国有房产是国有资产，是全体人民的劳动积累，也是人民谋取自身利益，进行社会主义现代化建设的主要物质基础，切实加强公产房屋的管理，是维护全体人民利益的大事。

集体所有制房产，系单位集体所有并自行管理的房屋，其产权来源主要是由集体单位购置或投资建造的，属于社会主义公有制的初级形式，虽然实行统一领导，贯彻公产房屋管理的方针政策，但在具体执行上，特别是涉及产权问题时要区别对待。

当前，在社会主义市场经济体制建立的过程中，要加强公产房屋的行政管理，防止国有资产的流失和被侵占成为迫切需要解决的重要问题。

一、国 有 房 产

（一）国有房产的性质、地位和作用

我国社会主义国有房产是全民所有制的房产，是房产经济的主要组成部分，是社会主义公有制两种基本形式的高级形式。

我国国有房产在房产经济中占重要地位，是国家重要的物质财富，是社会主义建设的物质基础，同时又是不断改善人民居住生活的源泉。依靠国有房产经济的作用，国家就可以充分发挥组织房产经济的职能，把房产经济纳入社会主义市场经济的轨道，使房产经济沿着社会主义方向前进，在不断发展生产的基础上，满足人民日益增长的居住生活的需要。

（二）国有房产的特征

1. 主体的唯一性和统一性

主体的唯一性和统一性是国有房产特征的基础。主体的唯一性即国有房产所有权的主体是国家，除国家以外，任何单位或个人都不可能成为国有房产的所有人，或分享国有房产的所有权。统一性，是指国有房产的所有权只能由国家统一行使，非经授权，任何单位和个人都无权行使国有房产所有权。国家对房产实行"统一领导、分级管理"的方针，以利于调动地方和企业的积极性。即国家授权国家机关、企事业单位对国有房产进行管理，以实现发展生产，提高人民生活的目的。

2．神圣不可侵犯性

房产经济是国民经济的一个重要组成部分，房产是维持社会生产、生活的重要物质条件。国有房产神圣不可侵犯，是指一切单位和个人都不得侵犯国家房屋所有权；任何人不论地位高低，权力大小，不论采取公开或隐蔽的形式，擅自占有，使用或处分国有房产的，都属于侵犯国家房产所有权的行为，为法律所不允许。

当国有房产被非法侵占时，国家具有无限追诉权和无证明义务。无限追诉权，即不论这种侵占的时间长短、数量多少或几经转手，现占用人是否知情，是否有过错，行使国有房产所有权的单位都有从现占用人手中追诉收回的权利。无证明义务，即当房产所有权发生争议时，国家无需证明，而集体组织和个人则需要负有提供证明的义务。如集体组织和个人不能提出充分的证明，则推断产权属于国家所有。

3．社会性

国有房产是全民所有制的房产，由其性质决定，必须用于社会生产和满足绝大多数人民的生活需要。这一特点与集体或私有房产的区别在于，后者主要是用于满足自身的需要。

4．客体具有广泛性

即国有房产的使用范围没有限制，任何用房都可以作为国家所有权的客体，而属于国家专有、专营的房产，则只能作为国家所有权的客体，不能作为集体所有权和公民个人所有权的客体。如铁路、航运、电台和军事设施等用房，只能由国家拥有所有权，严格控制使用，才能发挥这类专业房屋的特殊职能作用。

（三）国有房产的来源

国有房产所有权取得方式不同，主要来自以下几个方面：

1．相沿接管敌伪房产和没收封建地主、官僚资本家的房产

中华人民共和国成立，宣告了半封建、半殖民地旧中国的结束。建国前夕通过的《中华人民共和国政治协商会议共同纲领》、1952年2月中央人民政府政务院发布的《关于没收战犯、汉奸、官僚资本家及反革命分子财产的指示》等，都规定了没收战犯、汉奸、官僚资本家，反革命分子财产的决定，根据这些规定，国家授权有关部门相沿接管了国民党政府的银行、铁路、矿山、工厂、商店、兵营等所有的房地产；同时由国家没收了封建地主、买办、官僚资产阶级、罪大恶极的反革命分子和经司法部门判定没收犯罪分子的房地产，变为社会主义全民所有制的房地产，这是国有房产所有权重要的原始取得方式。

2．对城市私有出租的房屋进行社会主义改造

1956年和1958年，在社会主义改造高潮时期，对城市私产出租房屋，数量在起点以上的进行社会主义改造，纳入国家经营范围、截至1966年9月，停止发放定租，房屋转为社会主义国家所有。这也是国有房产所有权的重要原始取得方式。

3．社会主义积累和扩大再生产，由国家投资新建和扩建的房屋

国家为了解决人民住房问题，每年拨款新建大批住宅。同时为了发展生产、国家和国有企事业单位还新建和扩建了大批生产和生活用房，使国有房产数量不断增加，这是国有房产的主要来源。

4．征用、征购的房产

征用是国家因建设需要，以无偿的方式取得房屋所有权的措施。

征购是经政府批准由国家以强制的方式有偿取得房屋所有权的方式。

5．接受私人和集团献产

在特殊情况下，根据个人或单位自愿申请，经政府或房管部门批准，接受个人或单位将自己所有的房产一部或全部捐献给国家成为国有房产。

6．无人管理和无人继承收归国有的房产

无人管理的房产指房屋产权人死亡，没有合法继承人，或全部继承人放弃或丧失继承权的房产，经过一定的法律程序收归国家所有。

（四）国有房产的分类

国有房产的分类，目前在全国尚没有统一的标准和规定，一般均为各城市根据本地区的情况和习惯自行分类，如：

1．按使用性质分类

按使用性质分类也就是按照房屋的建筑意图，参照当前使用情况进行分类。

（1）住宅房屋，即居住建筑。

（2）非住宅房屋，即公共建筑。如：

1）办公用房：机关、团体、企业、事业单位等办公使用的房屋。

2）生产用房：工厂厂房、仓库、加工场等使用的房屋。

3）营业用房：商场、商店、营业厅等用房；旅馆、招待所、餐厅、浴池等用房。

4）文教事业用房：文化馆、博物馆、图书馆、展览馆、影剧院、体育场（馆）、公园、游乐园等用房；学校、托儿所、幼儿园等用房。

5）卫生医疗用房：医院、疗养院、卫生院、环境保护监测站等用房。

6）专业用房：场站码头、广播电台、电视台等。

7）军队用房。

8）监狱、教养院用房。

9）其他：养老院、孤儿院用房，教堂、寺庙、公墓等用房。

2．按管理形式分类

国有房产的管理形式，也就是行使所有权的形式。可分为由房管部门管理和单位自有房产两种。

（1）房管部门管理。就是按照所有权和经营权分离的原则，由国家授权国有房产经营企业，对国有房产进行管理。

（2）单位自有房产的管理。主要是指国家授权国家机关、企事业单位，对国有房产进行管理。

单位自有房产包括国家机关、人民团体、企事业单位，如铁路、矿山、邮政电讯、银行、海关、钢厂、纺织厂、大专院校和部队等，解放后相沿接管、购买或投资建设的房屋，按照政府规定进行产权登记，经房地产管理机关审定确认产权或使用权，并发给管理证件的房产。

在原有房产管理体制下，国家所有权和经营权不分，国家房地产行政机关，直接管理房产，实行以政代企，使企业实际上成了国家行政机关的附属物，忽视了国有企业应该享有的经营管理权。因而过去对房管部门管理的国有房产统称为直接管理的房产；对国家机关、企事业单位自行管理的国有房产，房地产行政机关只进行业务指导，故称为间接管理的房产。根据党的十四届三中全会关于"各级行政部门，要由直接管理转为间接管理，要从宏观上管理经济"的决定，国家房地产行政机关今后不应再直接经营房产，而要加强宏观控制，故对房产管理形式分为国有房产经营企业对国有房产的管理和单位自有房产的管理两类。

二、单位自有房产

（一）单位自有房产的性质

我们所说的单位自有房产主要是指国家机关、国营企事业单位依法取得所有权的房产，它是国有房产的重要组成部分。但是严格来说，由于"单位"的概念非常笼统，单位的所有制性质各不相同，按公有制来说，也有全民所有制和集体所有制之分，因而它们所管理的房产也就存在着全民所有制房产和集体所有制房产的区别。全民所有制房产属国家所有；集体所有制房产属劳动人民集体所有。两者同属于社会主义公有制的范围，在管理的原则和方法上也基本相同。因而对集体所有制房产管理，不准备另行介绍。但有一点需要注意，即在政策对待上是有区别的，全民所有制房产不得无偿转为集体所有；同样，集体所有制房产也不得无偿转为全民所有。这个原则是应当严格遵守的。

（二）单位自有房产的作用

国有房产是我国房产经济的支柱，在我国国民经济上占有重要地位，在国有房产中单位自有房产占有很大的比重。据 1985 年全国第一次城镇房屋普查统计，全国各单位自有房产约有 35 亿 m^2，占城镇房屋总数 46.8 亿 m^2 的 75%。在单位自有房产中，全民所有制房产有 30.8 亿 m^2，占单位自有房产总数的 88%、集体所有制房产有 42 亿 m^2，占单位自有房产总数的 12%。这些房产不仅对我国社会主义建设和人民居住生活发挥着巨大的作用，同时也是我国国民经济的重要组成部分和巨大的物质财富。

单位自有房产的管理，通过几年来公产房屋管理政策、法规的贯彻执行，管理水平有了很大的提高。随着住房制度改革方案的进一步贯彻实施，单位自有房产的管理部门将从原来隶属的专业企业分流出来，成为独立经营的经济实体，在房地产经济中起重要作用。

三、公有房产管理的方针、原则和管理方法

（一）公有房产管理方针

国家对全民所有制房产贯彻统一管理（统一领导，分级管理）的方针。早在 1962 年中共中央、国务院召开的第一次全国城市工作会议上就确定了这一方针。在 1963 年召开的第二次城市工作会议上又对实行的范围和步骤做了明确的规定。在这次会议纪要中指出："城市公有住宅、中小学校舍和机关、事业单位的办公用房等通用房屋，应当由市人民委员会（即人民政府）统一经营。在实行步骤上，第一步可以先在市属的住宅、中小学校舍和机关、事业单位的办公用房等通用房屋内实行：统一经营，统一规章制度，统一租金标准，统一调剂和分配，统一组织维修，统一建设。考虑到房屋实行统一经营管理问题比较复杂，需要经过试点逐步推广。目前城市国有房屋不少是由使用单位分散经营管理的，这些单位应当执行市人民政府有关房屋管理的规定，并且在房屋管理的业务上接受市房产管理部门的

指导和监督"。从以上这些规定看，现阶段统一管理应包含着两个方面的涵义：其一，是国有房产企业对一部分国家所有的房屋实行统一经营管理，执行"六个统一"的政策；其二，各单位自行管理的公产房屋，应服从地方房地产行政机关的管理，贯彻国家和地方政府颁布的房管政策和法规，执行党和国家制定的方针政策，接受房管部门的业务指导和监督，不能各自为政，各行其事。

（二）公有房产管理的原则

1. 授权管理的原则

公产房屋按使用范围可划分为两类：一类为通用房屋，如住宅、中小学校舍等，这类房屋在使用上具有通用性。另一类为专用房屋，如车站、机场、仓库、军队营房等，这类房屋在使用上具有很强的专业性。国家对通用房屋，贯彻统一经营管理的方针，由国家授权国营房产企业，根据所有权和经营权相分离的原则进行经营管理；而对专业用房则采取由国家授权，使用单位自行管理的原则。单位根据国家授给的权限，对房屋行使占有、使用、收益和处分的权利（处分是有条件的）。授权管理的方式，是统一管理方针下的一种管理形式。

2. 出租的房屋实行"以租养房"的原则

"以租养房"是指租金收入除其他必要的开支外，不仅能够保证房屋的正常保养修缮，而且房屋使用年限终了时，能够用收回的折旧费重建全部或一部分房屋，因此，房租构成因素，除了包括修缮费、管理费、房地产税，印花税，保险费外，还应包括折旧费。由此可见，"以租养房"是有其特定内容涵义的，它包括了维持房屋简单再生产的内容。实行这个原则，就可使房屋资金达到简单再生产的良性循环。"以租养房"的原则对单位自有房产出租的住宅来说同样也是适用的，这是因为：（1）实行这个原则就要按照成本租金水平计算房租，使房屋经营本身能够达到良性循环，节约企业修房资金；（2）由于租金内已含有折旧费，这样就可以把摊入成本中的那部分房屋折旧费剔除出来，使人们感到买房合算，有利于鼓励职工买房或建房。但由于目前企业普遍存在着租金水平过低的状况，一下子提高到成本租金水平会有许多实际问题，必须随着住房制度的改革，采取积极稳妥的措施，促其实现。

3. 单位自有房产实行有偿调拨的原则

单位自有房产在其管理使用过程中，如因某种需要必须调给其他单位时，应当按照有偿调拨的原则进行，即按照该项房产的帐面价值或按现值估价，通过固定资产转帐的方式转给其他单位。调出单位做为国家投资的回收，调入单位做为国家的投资。这种调拨形式只限于在全民所有制单位之间进行。

有偿调拨的形式，不是全民所有制单位间转移房产的唯一形式，也可以采取按照等价交换的原则，以买卖的方式进行。

目前我们实行的办法除了有偿调拨的形式外，还存在着无偿调拨的形式。即一个单位的房产无代价地移交给另一个单位。如单位自有房产移交给房管部门统一经营管理，或是房管部门将统管公有房产拨给其他单位时，均采取无偿调拨的形式。这种调拨形式显然是不符合商品经济的原则。随着我国经济体制改革的发展，应将无偿调拨的形式改为有偿调拨的形式。

（三）公有房产的管理方法

公有房产实行统一管理的方针，各级房管机关是同级人民政府管房的职能部门，其职能不仅是对国有房产企业加强宏观控制，使之经营管理好公有房产，而且要对各单位分管的公有房产，即单位自有房产进行业务指导和行政监督。对此，在中央、国务院颁发的文件中已做了多次申明。有些地方政府也规定了关于单位自有房产管理方面的法规，对加强单位自有房产的管理发挥了积极的作用。

第二节　私有房产管理

私有房产是指公民个人所有，数人共有，自住或出租的住宅和非住宅房屋。私有房产在城市中占有一定比例，是一个不可忽视的方面。因而认真研究私有房产的管理政策，保护私房所有人、使用人的合法权益，充分发挥私有房产的积极作用，可以缓解住房问题统由国家包的弊端，对于调动私人建房、购房的积极性，推进住房商品化，不断改善人民居住生活，促进四化建设，具有重要的意义。

一、私有房产管理概述

为了加强对城市私有房产的管理，充分发挥其使用效能，国家在社会主义革命和社会主义建设的不同时期，采取了不同的政策和规定，起到了积极的作用。

解放初期，根据党和政府的政策，冻结了帝国主义在华的房产，把国民党政府的房地产收归国有。同时，对封建地主、买办官僚资产阶级分子、战争罪犯、罪大恶极的反革命分子的房地产依法没收，实行剥夺政策；对于一般的私有房地产，国家承认其所有权，保护其正当的合法权益。允许私房出租，按照私人房屋租赁条例，由双方签订租赁合同，经过房管部门验证，使房主有利可图，又限制其非法剥削，发挥了调剂群众居住生活的作用。当时私有房屋在城市房屋中占有很大比重。如北京、上海、天津等大城市约占房屋总数的50％～60％，有些中、小城市则达到80％左右。经济恢复时期，我国的生产力得到了恢复和发展。为了加速社会主义经济建设的进程，在1956年对农业、手工业、资本主义工商业进行社会主义改造的同时，政府对城市资本主义性质的私有出租房屋进行了社会主义改造。经过1956年和1958年两批"私改"，采取赎买政策，通过国家经租形式，对改造起点以上的房屋，实行定租的办法纳入国家经营范围之内，当时，全国"私改"的房屋约有建筑面积1亿 m^2，约占出租私产房屋的70％左右，基本上消灭了房屋租赁中的资本主义经营。截至1966年9月停止发放定租，房屋转为社会主义国家所有。

到第二个五年计划终了时，由于国家大批兴建住宅，公产房屋面积大幅度增长；私产房屋面积相对下降，到1963年约占城市房屋总面积的26％。

1966年到1976年"文革"期间，私房政策遭到了严重的破坏和践踏。特别是在"文革"初期，在极"左"路线的全面指导下，混淆了生产资料和生活资料的界限，把私有房产一律说成是资产阶级剥削的罪证，提出种种荒谬的口号，使大量的私产房屋被查抄压缩和挤占。出租的房屋停止了交纳房租；很多只有一两间自住的产权人，在形势所迫之下，也非自愿地将房屋上交国家，住房秩序非常混乱。由于"文革"浩劫的破坏，私产房屋数量大减。截至1978年，城市的私产房屋下降到仅占房屋总数的10％左右。

党的十一届三中全会以后，拨乱反正，根据《宪法》精神，落实私房政策。对在"文革"期间，非法收缴的私人房屋，一律确认原产权人的所有权，对于原来自住被挤占的房屋，腾空退还或由国家留购，另行安排住房，并进行经济结算。

1983年12月17日，国务院颁发了《私有房屋管理条例》，维护了宪法有关规定，并确认了私有房屋在城市建设中的地位和作用。1984年按照中央部署在全国范围内开展了房地产清查换证和房屋普查工作。各城市结合具体情况，也在制定私房管理实施细则等，进一步加强了私产房屋的管理。

二、私有房产管理的方针、政策

（一）城市私有房屋管理的方针

要贯彻执行《城市私有房屋管理条例》，加强对私有房屋的管理，保护房屋所有人和使用人的合法权益，发挥私有房屋的作用，以适应社会主义现代化建设和人民生活需要的方针。

从实现住房发展的战略关系来看，近些年，政府提出调动一切积极因素，综合治理城镇住房问题，要发挥国家、地方、企业、个人四方面积极性，特别要充分调动职工个人建房、购房的积极性，把这项工作作为解决城镇住房问题，改善人民居住条件的重要环节。今后，随着住房制度改革的发展和人民生活水平的提高，人民居住生活向小康型过渡，以至到20世纪末，向舒适型迈进，私产房屋的数量将会大幅度增加，私有房产在房地产经济中定将占有举足轻重的地位。

（二）城市私有房产管理的政策

《城市私有房屋管理条例》第三条和第四条明确规定私房管理的政策是：国家依法保护公民城市私有房屋的所有权，任何单位和个人都不得侵占、毁坏城市私有房屋。城市私有房屋所有人必须在国家规定的范围内行使所有权，不得利用房屋危害公共利益，损害他人合法权益。

因国家建设需要征用，拆迁私有房屋时，建设单位应当给予房屋所有人合理的补偿，并按当地人民政府的规定，对使用人予以妥善安置。被征用拆迁房屋的所有人或使用人应当服从国家建设需要，按期搬迁，不得借故拖延。

保护公民个人财产所有权和其他合法权益不受侵犯是我国民事立法的一项基本原则。国家赋予公民生活资料所有权的目的，在于保护每一个公民能在最大限度内，利用自己的个人财产满足其物质和文化生活的需要。但是，与此同时，禁止任何人利用个人所有的财产从事剥削、高租高利、投机倒把，危害社会公共利益，妨碍他人权利，违反国家法律，破坏社会主义经济秩序，违背社会主义道德等行为。

三、城市私有房产管理的方法

（一）私有房产管理的方法

私有房产管理是一项政策性、群众性很强的工作，涉及到保护产权人和使用人的权益，排除房屋纠纷，达到睦邻的目的。特别是私有房屋的修缮工作，涉及到人民生命财产的安全，因而必须在当地人民政府的统一领导下，由房管部门积极配合，组织群众，依靠群众，从思想工作入手，做好各项组织工作。

（二）私有房产的代管

代管房产分为两类：

一类是由于所有人下落不明又无合法代理人或所有权不清楚的城市私有房屋，根据《城市私有房屋管理条例》第二十四条的规定，由房屋所在地房管机关代管。代管是保护公民房产所有权的一种特殊形式，代管由市房地产行政机关核准施行，或经法院判决代管。代管权专属国家，非经授权，任何单位或个人不得代管房屋。

经过批准代管的私产房屋，由房产经营部门统一经营管理，不得转交其他单位。代管机关认为必要时，可依据我国民事诉讼法的有关规定，向人民法院提出认定财产无主的申请，经法院审查公布无人认领后，收归国有。

房屋所有人申请发还由房管机关代管的房屋，必须证件齐备，无产权纠纷，经审查核实后，由原批准代管的机关或经原判决的司法机关审定撤销代管。代管期间发生经济收支，原则互不结算。如遇天灾或不可抗力遭受损失的，房管机关不负赔偿责任。

另一类代管房产，是因为房屋所有人不在房屋所在地或因其他原因不能管理其房屋时，可委托代理人代为管理。代理人须按照代理权限行使权利并履行义务。

第三节　城市异产毗连房屋的管理

一、什么是异产毗连房屋

根据 1989 年 11 月 21 日建设部颁布的"城市异产毗连房屋管理规定"界定，异产毗连房屋是指房屋建筑结构相连或具有共有、共用设备和附属建筑，而为不同所有人所共有的房屋。

毗连房屋产权人的权利和义务包括：

1. 房屋的所有人按照城市房地产行政机关核发的所有权证规定的范围行使权利和承担义务。

2. 房屋所有人和使用人对共有共用的建筑部位应共同合理使用并承担义务，任何一方不得有损害或侵害他方权益的行为。

3. 一方所有人或使用人有造成房屋危险行为时，他方有权采取必要措施，防止发生危险，如果造成损失，由责任者负责。

4. 如有特殊情况，在不违反《城市异产毗连房屋规定》的情况下，可另行签订书面协议，按协议执行。

二、异产毗连房屋的使用和修缮

异产毗连房屋的使用和修缮，必须符合城市规划、房地产管理、消防和环境保护等部门的要求，按照以下原则处理。

1. 异产毗连房屋自然损坏，应及时修理。共有共用的设备或附属建筑的修缮，由所有人按受益份额比例分担。做到责任明确，负担合理。

2. 异产毗连房屋一方所有人和使用人，超越权利范围，侵害他方权益，应停止侵害。

3. 异产毗连房屋发生纠纷时，任何一方均可申请房屋所在地房地产行政机关调处，也可直接向当地人民法院起诉。

三、异产毗连房屋的管理组织

异产毗连房屋的管理，属于全国范围的工作由建设部负责；属于地方性的工作，由当地县以上人民政府房地产行政机关负责。

在有条件的地区，异产毗连房屋所有人可组成房屋管理组织，也可委托其他组织，在房地产行政机关的指导下做好异产毗连房屋的管理工作。

第四节 物 业 管 理

物业管理是随着改革开放，特别是"八五"期间，住宅建设得到空前发展而兴起的一种新的具有社会化、专业化房地产行业特色的管理模式。

物业管理的主要产业对象是住宅小区，包括高层与多层住宅楼、综合办公楼、商业大厦、旅游宾馆、标准工业厂房、仓库等。它的管理范围相当广泛，服务项目多元化。服务对象是房产主、租住户。服务内容除房屋的使用及出租的管理，房屋及附属设施的维修养护外，还有房屋室外环境的各种服务。可见，物业管理是一项综合性的系统工程。

一、物 业 管 理 概 述

（一）物业管理的性质

所谓物业管理就是运用现代管理科学和先进的维修养护技术，以经济手段管理房屋及其附属设施，包括房屋周围的环境。在房屋居住环境的管理及物业的维修养护方面，以及居民的生活服务方面提供高效、优质、经济的服务。

物业管理属于非盈利性社会服务，其服务对象是房产主、租住户。其目的是为居民提供和保持一个舒适、安全、文明的居住条件与环境。

物业管理是房地产综合开发的派生物，它作为房地产市场的消费环节，实质上是房地产综合开发的延续和完善，是在房地产开发经营中为完善市场机制而逐步建立起来的一种综合性服务方式。

近几年来，住宅建设的发展为住宅小区物业管理提供了有利的条件。实施良好的物业管理，管理是核心，制度是保证。建设部于1994年3月23日以第33号令发布了《城市新建住宅小区管理办法》使住宅小区物业管理做到了有法可依，走向健康发展的道路。与此同时，一些城市也相继发布了贯彻建设部第33号令等的实施规定，提出了具体的指导性意见。

（二）物业管理体制

政府各部门都不直接参与物业的具体经营管理，而是通过贯彻执行行政管理法规、规章来规范物业管理活动，并指导、监督物业管理的运作。房屋所有人和使用人组成业主大会，选举产生管理委员会或业主委员会，代表和维护小区全体产权人和住户的合法权益并行使管理权。管委会或业主大会选聘物业管理公司，并与其签订委托管理合同，同时审议物业管理公司制订的年度管理计划、维修项目、审查物业管理服务费的收取标准，检查、监督各项管理工作的实施及规章制度的执行，协助物业管理公司落实各项管理工作，接受全体业主的监督和各行政管理部门的指导。物业管理公司则是依照委托管理的合同或契约，按业主委员会的意图对物业实施专业化管理和经营，提供全方位、多层次有偿服务的企业性经济实体。

（三）物业管理的经营与服务

物业管理是社会主义市场经济条件下应运而生的一种新型机制，其管理宗旨是服务第一、客户至上。物业管理公司以自己的经营活动为物业的所有业主、租户提供全方位的有偿服务。通过公司的管理与经营服务，妥善管理受聘代管的各种物业及其附属设施和周围环境。为实现上述目标，物业公司必须制定企业内部管理和物业管理两种制度。内部管理制度主要是为落实物业管理公司内部岗位责任制、规范内部管理行为与管理程序而制定的。物业管理制度是公司对自己管理的物业权限、办法、程序以及对用户要求的若干规定。也就是物业的业主、用户与物业公司管理权限间的规定。在实际工作中，经过公证的物业管理制度，均具有法律效力，如业主公约、住户手册、管理合同、居民公约等。物业公司和业主之间的聘任与被聘任的关系是法律关系。物业公司必须认真遵守合同，正确履行职责，否则业主管理委员会有权改聘。

物业管理公司由房地产行政主管部门归口管理，物业公司在对物业的市政、绿化、卫生、交通、治安、供水、供气、供热、街道及其他方面的管理，应同时接受有关主管部门的监督与指导。

二、物业公司内部管理制度

（一）物业管理机构的设置

物业管理公司作为进行物业管理的专门机构，必须具有内部结构的完整性。合理的机构设置，可以充分发挥全体物业管理人员的智慧和才干，可以满足物业管理的各项业务工作，可以提高管理工作的效率，灵活地适应市场环境的需要，一般的物业管理公司内部结构由综合科、园艺环境服务科、财务会计科、工程维修科、人事和行政办公室等五个科室组成。

（二）物业管理的模式和内容

我国的物业管理，是伴随着建立社会主义市场经济体制，深入住房制度改革与房地产经营管理体制改革，而逐步形成的。各地根据不同的情况及城市建设的发展，大致确立了以下四种不同的管理模式。

第一种模式："以区街道办事处为主成立住宅小区管理委员会进行管理。这种模式的管理机构与政权基层组织相一致，突出了地方政府管理的作用，在实施管理中较具权威性，制约力也较强，而且政权基层组织的稳定性有利于住宅小区管理的连续性。但在实际管理过程中要注意加强对各专业部门的领导，实行专业管理，做到统一安排、明确分工、专业协作，避免管委会大包大揽，不要忽视专业管理部门的作用，从而形成一个住宅小区管理的完整管理体制。

第二种模式：以房地产管理部门管理为主，成立住宅小区管理服务组织进行管理。采取这种模式可以发挥房地产管理部门的管理经验和技术之所长，对房屋进行科学的管理，有利于保护房屋的完好率和住宅小区的整体风貌。但由于缺乏总体协调部门，容易造成各专业部门各自为政，不能通力合作。从而影响到房屋的维修养护。

第三种模式：以房地产综合开发企业为主，成立住宅小区管理服务公司或物业管理公司，以经营的方式从事住宅小区管理。采取这种模式与第二种模式有相似之处，但发挥了房地产开发企业的经营所长，将管理和经营活动结合起来，实行有偿服务，为居民提供的服务量多质高，可以通过一些经济效益好的服务项目，取得收入以弥补经费的不足，使住宅小区能形成自我完善和发展的良性循环机制。显然，这种模式比较适合于商品经济发达的地区。但这种模式要注意加强政府的监督和指导，维护居民的合法权益，并注意处理好与街道办事处的协调合作，充分发挥基层政权组织的应有作用，从而实现经济效益、社会效益和环境效益的有机统一。

第四种模式：单位自管模式，主要是一些大型厂矿企业自己管理的房产。这种模式的管理对象是以本单位的职工房产和本单位房产为主，比较单一，而且领导一般比较重视，配有专职人员负责管理，管理效果比较好。但这种企业办社会的模式，随着社会化的发展和住房制度的改革，应注意作适当的调整，以适应社会化和专业化的管理要求。

（三）物业管理与行政管理

按照政企分设原则实施物业管理，必须理顺物业管理与行政管理之间的关系。应该明确：行政管理是物业管理的后盾和保证，而物业管理离开行政管理的指导和扶持将难有作为。与此同时，各级领导和行政部门都要重视、关怀和支持物业管理工作的开展。例如：城建、房管、规划、市政、园林、环卫、治安、交通、供水、供电、工商、税务、街道办事处等部门都应协助物业管理企业执行好自身的管理职能，给予行政、法律方面的支持，使之有法可依，有章可循，这是物业管理企业实施物业管理的先决条件。物业管理涉及的社会关系复杂，权利义务关系要求十分严格，法律关系要求十分明确，没有法律法规做保障，物业管理很难深入进行。在物业管理的立法中，应根据现代物业管理社会化、专业化、市场化的要求，明确业主、管理委员会、物业管理公司等各方面的权利义务关系，确立综合管理、专业服务、所有权与经营权分离，开展公平竞争等物业管理的基本原则，通过立法来规范、保障物业管理的健康发展，促进物业管理工作走向规范化和法制化。

如对于住宅小区物业管理服务收费行为，1996年2月国家计委、建设部制定了《城市住宅小区物业管理服务收费暂行办法》，明确物业管理服务收费应遵循合理、公开与物业产权人、使用人的承受能力相适应的原则。并指出国家鼓励物业管理单位开展正当的价格竞争，禁止价格垄断和牟取暴利行为。

为了总结经验，表彰先进，促进物业管理的健康发展，建设部曾于1992年和1995年进行了两次优秀管理小区考评工作，并于1995年3月11日发布了《关于印发"全国优秀管理住宅小区标准"及有关考评验收工作的通知》，规定了适用范围和评选方法、标准等，进一步促进物业管理水平的不断提高。

第五节 房屋修缮管理

房屋修缮是指对现有房屋进行维修、养护、拆改或翻建。房屋修缮对于保护房屋的完好程度，保证房屋的使用功能以及保障房屋的居住安全具有重要意义，房屋修缮管理是房产行政管理的重要内容之一。

一、房屋修缮的特点和意义

（一）房屋修缮的特点

房屋修缮和房屋新建都属房屋生产的经济活动，在基础理论上二者是一致的，因而有共同的特点。如房屋的固定性与生产的流动性，建筑的多样性与综合性；建筑体积大、价值高，露天作业，受自然条件影响很大等。但是房屋修缮又有自己的特点：

1. 房屋修缮是在现有房屋的基础上进行的，工作上受到极大限制，如受原有条件和环境的制约，尤其对有历史、文化价值房屋的修缮，要求保留原有风格，并与周围环境相协调，在技术上要求比新建高。

2. 房屋修缮是在现有房屋范围内进行的，对原有房屋的构造部件、装饰、布局等优良的设计与施工方法可以借鉴，发展建筑艺术。

3. 房屋修缮有些是零小碎修，用料品种多、规格多，可以利用旧料，代替新料，通过修缮实践，研究改造旧房结构与装修。

4. 房屋修缮往往是多工种同时进行，有的是立体交插施工，可以培养工人"一工多技"、"一专多能"，同时往往是在用户不搬迁的情况下施工，可以听取用户意见和在用户监督下进行，有利于提高工程质量和提高修缮队伍素质。

（二）房屋修缮的意义

搞好房屋修缮，加固房屋结构，恢复房屋效用，保证使用安全，延长使用年限，是极大的节约。我国城市房屋超过 60 亿 m^2，是一笔巨大的物质财富，由于很多房屋失修失养严重，危房占有一定比例。通过修缮，可以使国家财产免受损失，保证人民生命财产安全，使城市人民生产生活有一个良好的环境。

为了加强城市房屋修缮管理，保证房屋完好程度，提高使用功能，建设部于 1991 年 7 月颁布了《城市房屋修缮管理规定》等文件，使房屋修缮工作做到有法可依，对于各级房地产管理部门扭转"重基建、轻修缮"的思想，严格按照《规定》精神办事具有重要意义。

二、房屋修缮的方针和原则

（一）房屋修缮的方针

对于城市房屋修缮，早在 1964 年国家房产管理局曾经提出房屋修缮工作的方针是"加强维修和经常养护，保证住用的安全，恢复和保持房屋和设备的功能，延长使用年限，适当改善居住条件恶劣的房屋，并且实行管、养、爱并举、把房屋的修缮养护同开展群众性的爱房活动结合起来"。

在当前新的形势下，城市房屋修缮的方针，要贯彻"实行管养合一，积极开展房屋小修养护，综合维修有偿服务；严格控制大片拆建，有计划地进行房屋大、中修与拆留结合的综合改建；集中力量改造危险棚户房屋，保证用户住用安全；有步骤的轮流搞好综合维修，以提高房屋的质量、完好程度和恢复、改善设备的使用功能；结合房屋的大修与改建、改造，适当进行厨、厕与设备的更新改建，逐年改善人民住用条件；实行专群结合、修防结合，分工负责、综合治理，努力维护好房屋，以尽量提高房屋的使用年限与使用功能。

（二）房屋修缮的原则

房屋修缮工作必须为发展国民经济服务，为人民居住生活服务。总的原则是有利生产、方便生活、美化城市、造福人民。

具体的原则是：

1. 坚持"经济、合理、安全、实用"的原则

经济。就是在修缮过程中，节约、合理使用人力、物力、财力，尽量做到少花钱，多

修房。

合理。就是制定修缮计划与方案要合理，要按照国家的规定与标准修房，不扩大修缮范围。

安全。就是通过修缮，使房屋不倒、不漏、建筑主体结构牢固，安全可靠，保证居民生命财产安全。

实用。就是从实用出发，因地制宜，结合修缮，改善房屋功能和质量，以满足住户的合理要求。

2. 维护房屋不受损坏的原则

做到"能修则修、应修尽修、以修为主、全面保养"的原则。

3. 对不同建筑结构、不同等级标准的房屋采取不同修缮标准的原则

即对结构较好，设备齐全，等级较高的房屋，按原有风格和标准进行修缮；对涉及城市改造，近期需拆除的房屋，以简修为主，保证住用安全。

4. 为用户服务的原则

从"有利生产、方便生活"的指导思想出发，建立健全科学的修缮服务制度。改善服务态度，提高服务质量，认真、及时地解决用户急需的修缮问题。

5. 符合商品经营、等价有偿的原则

城市房屋修缮要实行等价有偿，微利服务，按照价值规律，收回修房成本和获得适当利润，实现修缮资金的良性循环。

总之，城市房屋修缮管理工作是一项涉及国民经济建设和人民居住生活的大事。为了加强领导，形成统一政策、统一管理的房屋修缮市场，改变过去政出多门、机构重叠、效率低下的状况，很多城市本着"统一、精简、效能"的原则，建立健全了省、市、县级房屋修缮管理机构，制定了规章制度、技术规范，并定期检查房屋维修情况，做好房屋鉴定，提供咨询，督促指导修好房屋。

（三）房屋修缮管理机构及职责

根据《城市房屋修缮管理规定》国务院建设行政部门主管全国城市房屋修缮管理工作。

县级以上地方人民政府房地产行政主管部门负责本行政区域城市房屋修缮管理工作。

县级以上人民政府房地产主管部门对于城市房屋修缮管理履行下列职责：

1. 贯彻执行国家和地方有关房屋修缮法规、标准和方针、政策，组织编制城市房屋修缮的长期规划和近期计划，并督促实施。

2. 按照管理权限对房屋修缮企业进行资质管理。

3. 组织或参与房屋修缮定额的编制，并修订、监督检查执行情况。

4. 指导并督促房屋所有人落实房屋修缮资金。

5. 负责房屋修缮工程的安全、质量监督管理。

6. 组织房屋修缮业务、技术培训和房屋修缮新技术、新工艺、新设备的推广应用。

7. 依法调解和处理有关房屋修缮的争议和纠纷，对于违反《房屋修缮管理规定》的行为给予行政处罚。

三、房屋修缮责任

根据《城市房屋修缮管理规定》房屋修缮责任可以分为以下四个方面：

（一）产权责任

修缮房屋是房屋所有人应当履行的责任。从总的来说，公有房产（直管公房）应由房产管理部门负责修缮；私有房产应由产权人负责修缮；出租的房屋，租赁合同另有规定的，按照合同约定承担修缮责任。如出租人无力修缮的，可由承租人先行出资修缮，后从租金扣还。

异产毗连的房屋，其所有人依照《异产毗连房屋管理规定》负责修缮。

在已经批准的建设用地范围内，产权已经转移给建设单位的危险房屋应及时拆除，在未拆除前，修缮应由建设单位负责。

（二）保修责任

根据前城乡建设环境保护部1984年3月3日颁布的《建筑工程保修办法（试行）》的规定：凡城乡建设系统建筑企业承建的新建和改建、扩建工程，在本办法规定的保修期内因施工造成的质量事故和质量缺陷，均按办法的规定进行保修。

（三）损坏责任

因使用不当或者人为造成房屋损坏的，由其行为人负责修复或者给予赔偿。

故意损坏他人房屋，除应负责修复外，还应视具体情况承担法律责任。

（四）管理责任

对于房屋所有人或者修缮责任人不及时修缮房屋，或者因他人阻碍，有可能导致房屋发生危险的，当地人民政府房地产行政主管部门可以采取排险解危的强制措施，排险解危的费用由当事人承担。

（五）房屋修缮计划及修缮资金

1. 房屋修缮计划是由县级以上地方人民政府房地产主管部门制订的，在一定期间内修缮房屋的目标、内容、任务和措施。修缮计划包括长期规划和近期计划。近期计划又包括年度、季度、月度计划。同时，也可对某项特定工程按单项工程编排修缮计划。房屋修缮计划应当规定在规划期内或者计划期内改善房屋完损状况和使用条件的总目标及实施步骤。

房屋修缮近期计划应纳入当地城市建设计划，进行资金和材料平衡。

房地产行政主管部门负责指导和监督直管公房单位和自管房单位编制年度计划并检查其执行情况。

年度修缮计划的内容包括：

（1）房屋结构类型；

（2）修缮面积；

（3）修缮分类；

（4）修缮费用；

（5）计划期内房屋完好率、危房率。

直管公房管理单位和自管房单位应当对年度房屋修缮计划执行情况进行定期统计，并报送当地人民政府房地产主管部门。

2. 房屋修缮资金

（1）房屋修缮资金的筹措。直管公房的修缮资金可以通过以下渠道筹措：

1）房租收入中应用于房屋修缮的部分；

2）从城市维护建设资金中适当划拨；

3）本系统多种经营收入的部分盈余；

4）法规和政策允许用于房屋修缮的其他资金。

单位自管房的修缮资金，由单位自行安排解决。

私有房屋的修缮资金，由房屋所有人自行解决。筹措资金有困难的，按照《城市私有房屋管理条例》的规定办理。

（2）房屋修缮资金的安排。房屋修缮资金必须专款专用，不得挪作他用，也不得搞新建工程。

资金使用的顺序，应以维护房屋正常使用为主，安排应当与下列要求相适应：

1）保证住用安全；

2）翻修危险房屋；

3）具备正常使用功能；

4）在可能的情况下改善居住条件。

四、房屋完损等级的评定

房屋完损等级指对现有房屋的完好或损坏程度划分的等级，即现有房屋的质量等级。

房屋完损等级评定是按照统一的标准、项目和评定方法，通过直观、检测和定性、定量分析，对整体房屋进行综合性的评价。

原城乡建设环境保护部于 1985 年 1 月 1 日颁布了《房屋完损等级评定标准》在全国试行。

（一）房屋完损等级的分类

1. 房屋完损等级

房屋结构组成部分：基础、承重构件、非承重构件、屋面、楼地面。

装修部分：门窗、外抹灰、内抹灰、顶棚、细木装修。

设备部分：上下水卫生、电、照明、暖气、特种设备（消防水泵、电梯、避雷设备）。

（1）完好房：结构构件完好、装修设备齐全完整、管道畅通、现状良好、使用正常。分项有轻微损坏，小修即能恢复。

（2）基本完好房：结构基本完好、少量轻微损坏、装修基本完好、油漆缺保养、管道基本完好。

（3）一般损坏房：结构一般损坏、部分损坏变形、屋面局部漏雨、装修部分损坏、管道不够畅通、水电卫生管线部分老化，需中修或局部大修。

（4）严重损坏房：年久失修、结构严重变形损坏、设备陈旧堵塞残缺，需大修翻修。

（5）危险房：指承重构件严重危险，随时有倒塌可能，不能确保使用安全，需拆除重建或排险。

（二）房屋完好率计算

房屋完好率是经营单位考核经营成果的一个重要经济指标。

完好率是指完好房屋和基本完好房屋数量（建筑面积）之和与房屋总量的百分比。

公式：

$$房屋完好率 = \frac{完好房建筑面积 + 基本完好房建筑面积}{所管房屋总建筑面积} \times 100\%$$

（三）评定房屋完损等级的一般做法

1．定期评定房屋完损等级

每隔1～3年进行一次全面逐栋评定。可全面、详细掌握房屋完损情况，可结合普查进行。

2．不定期评定房屋完损等级。

3．根据气候特征，如雨季、台风、暴风雪、山洪等，着重对危房、严损房和一般损坏房屋进行检查，评定完损等级。

4．经过中修、大修、翻建和综合维修，竣工验收后重新进行完损等级评定。

5．接管新建房屋后，进行完损等级评定。

（四）房屋查勘鉴定

1．房屋查勘鉴定的目的

（1）掌握房屋完损情况。

（2）通过查勘能及时发现房屋危险和严重破损部位，以便抢修加固，解除危险。

（3）对房屋查勘鉴定，以结构构件为主，检查鉴定其损坏程度，分析原因，提出处理办法，为拟定修缮方案和修缮计划提供依据。

（4）通过查勘鉴定，监督用户合理使用房屋，纠正违反设计和违反使用规定的行为，延长使用年限。

2．房屋查勘鉴定的类型和内容

（1）定期查勘和季节性查勘：可和评定完损等级一并进行。以房屋的结构构件为主，鉴定其损坏程度，分析原因，提出处理办法，为安排房屋修缮计划提供依据。

（2）工程查勘鉴定：是定向查勘，对房屋须修的安全度、完损状况进行细致检查鉴定，提出修缮方案。

（3）特别查勘鉴定，也称房屋的技术鉴定：对于房屋改变用途、改建扩建、加层及房屋发生异变、可能发生危险时，及时派人查勘。

通过实地查勘、分析验算以及必要的荷载试验，提出鉴定结果和处理意见。

3．房屋查勘鉴定的要求

（1）以管片为单位，由管理员、养护班为主，全面完成管片安全检查。

（2）对普查范围内的房屋要逐间仔细检查，查询、查细、查全，不漏查。

（3）普查前绘制房屋布局平面示意图，填好房号，做到图、记录表和实际三者一致。

（4）填记录表，抢修工程填写"抢修工程通知单"，通知及时加固。

（5）建立复查验收制度。对抢修加固质量及时复验，不合格的要及时返工回修，检查房屋质量要进行重点抽查和联合检查，交流经验，发现问题及时纠正。

五、房屋修缮质量管理

对于中修以上房屋修缮工程，房屋所有人或者修缮责任人必须向房屋所在地的有关质量监督机构办理质量监督手续，未办理质量监督手续的，不得施工。并先进行查勘设计，严格按照设计组织施工。竣工后，由房地产主管部门按有关房屋修缮工程质量检验标准和工程技术规定等组织质量检验评定。凡检验不合格的，不得交付使用。

房屋修缮工程发生重大事故的，由县级以上地方人民政府房地产行政主管部门会同有关部门调查处理。

（一）房屋修缮工程分类

房屋修缮工程可以按不同的标准进行分类。

1. 按经营管理的性质分类

可以分为恢复性修缮、赔偿性修缮、改善性修缮，救灾性修缮和返工性修缮五种。

（1）恢复性修缮。又称基本修缮，不含重建。

（2）赔偿性修缮。由于人为损坏或使用不当而进行的修缮。

（3）改善性修缮。即超越原房屋的修缮标准或原房屋规模而进行的修缮。

（4）救灾性修缮。由于自然灾害或意外事故（如地震、火灾、水灾等）而进行的修缮。

（5）返工性修缮。由于房屋设计或施工方法不当而进行的修缮。

按经营管理的性质所进行的分类，由于引起修缮的原因不同，其费用（责任）的承担也是不同的。

2. 根据房屋不同的损坏程度分类

可分为大修工程、中修工程、小修工程、翻修工程和综合维修工程五大类。

（1）大修工程：指房屋的主要结构部位损坏严重。房屋已不安全，需要进行全面的维修，在维修中需牵动或拆换部分主体构件，但不需全部拆除的工程。

（2）中修工程：指房屋少量部位已损坏或已不符合原建筑结构的要求，需进行局部维修，在维修中须牵动或拆换少量主体构件，但保持原房屋的规模和结构的工程。

（3）小修工程：也称零修工程，养护工程。即对房屋的日常零星维修养护工程，使房屋保持原来完损等级。

（4）翻修工程：指房屋已失去修缮价值，主体结构严重损坏，丧失正常使用功能，有倒塌危险，需全部拆除，另行设计，重新在原地或移动更新建造的工程。

（5）综合维修工程：指成片多幢的楼房或面积较大的单幢楼房，其大、中、小修一次性全部维修的工程。

根据房屋不同损坏程度进行的分类，具有不同的特点，针对性很强。修缮后的标准要求也不一样，这有利于对房屋的修缮进行分类指导，加强房屋修缮的科学管理，切实做到房屋修缮区别对待和经济、合理、安全、实用的原则。

（二）房屋修缮范围

房屋修缮范围应按照租赁合同的约定和其他规定执行。

公产房屋修缮范围，就是房管部门应该负责修缮的工程项目范围。判定某项工程是否应由房管部门维修，主要有以下三个标准：

1. 产权标准

这是个重要标准。也就是说，由房管部门负责维修的房屋必须是由房管部门所经营管理的公产、代管产或委托管理的房屋及其附属设备。

2. 损坏原因标准

也就是说，凡是属于房管部门经营或委托代管的房屋，由于自然损坏或因不可抗拒的事故（如地震、水灾、火灾等）所造成的损坏，由房管部门负责修缮。显然，凡是由用户使用不当、责任事故或故意破坏等所造成的损坏，不但应由用户负责修缮（恢复原状），情节严重的，还应依法追究其损坏公物的责任。

3. 工程项目标准

属于房管部门经营或代管的，又是属于自然损坏的房屋（即符合以上产权和损坏原因双重标准），原则上应由房管部门负责修缮。具体工作中也要根据工程项目是修缮项目还是属于改造项目，分别轻重缓急，区别对待。

（三）房屋修缮标准

按不同的结构、装修、设备条件，把房屋划分成一等和二等以下两类。

凡是符合下列条件的为一等房屋：

结构：包括砖木、混合和钢筋混凝土结构，其中凡承重墙柱不得有用空心砖、半砖、乱砖和乱石砌筑者。

楼地面：楼地面不得有普通水泥或三合土面层者。

门窗：正规门窗，有纱门窗或双层窗。

墙面：中级或中级以上粉饰。

设备：独厨，有水、电、卫生设备，采暖地区有暖气。

凡低于以上所列条件者为二等以下房屋。

房屋修缮标准按主体工程，木门窗及装修工程，楼地面工程，屋面工程，抹灰工程，油漆粉饰工程，水、电、卫、暖设备工程，金属构件及其他等九个分项工程进行确定。如对一、二等房屋有不同修缮要求时，需另行规定。

凡修缮施工都必须按《房屋修缮工程质量检验评定标准》的规定执行，确保修缮工程的质量。

（四）房屋修缮质量检验评定标准

房屋修缮质量检验评定标准按"分项"、"分部"、"单位"三级进行。

1. 分项工程质量评定（按工程主要项目划分）

合格标准：主要项目，均应全部符合本标准的规定；一般项目，均应基本符合本标准的规定，对有质量要求和允许偏差的项目，其抽查的点数中，有60%及其以上达到要求的，该分项质量评为优良。

各分项工程如不符合本质量标准规定，经返工重做，可重新评定其质量等级，但加固后的工程，一律不得评为优良。

2. 分部工程质量评定（按修缮主要部位划分）

各分项工程均达到合格要求的，该分部工程评为合格；在合格的基础上，有50%及以上分项质量评为优良的，该分部工程为优良。

3. 单位工程质量评定（按大楼以一幢为一个单位，其他房屋根据具体情况，按单幢或多幢一个院落或门牌为一个单位）

各部位均达到合格要求的，该单位工程评为合格；在合格的基础上，有50%及其以上多部质量评为优良的（屋面、主体分部工程必须达到优良），该单位工程评为优良。

六、房屋修缮企事业单位管理

房屋修缮企事业单位，应由县级以上地方人民政府房地产行政主管部门实行归口管理。房屋修建公司实行企业管理，独立核算，自主经营。

房屋修建企业应到当地工商行政管理部门办理登记起照手续，并在一个月内向当地人民政府房地产行政主管部门申请办理资质登记，按照批准资质等级承接修缮任务。并应健全各项管理制度，严格遵守中央和地方有关房屋修缮管理规定，保证工程质量和服务质量。

思 考 题

1. 公产房屋管理的方针原则是什么？
2. 私有房产管理的政策是什么？
3. 物业管理有哪些法律规定？
4. 房屋修缮管理的作用是什么？房屋修缮管理有哪些规定？

第六章　房地产开发建设管理

房地产开发建设的行政管理包括开发建设行为的管理和开发建设企业的管理。同时,在房地产开发建设中住宅建设占有突出的地位,也是房地产行政管理的重要内容之一。本章主要对房地产开发建设、城市房屋拆迁和住宅建设管理等问题作扼要介绍。

第一节　房地产开发管理概述

一、房地产开发管理的涵义

房地产开发管理是国家房地产行政机关依据城市建设的有关法律和房地产法规,对房地产的生产环节实行的一种宏观管理活动。其目的是通过管理,建立房地产开发建设的正常秩序,促进房地产生产过程的协调发展,实现房地产开发建设资源的优化组合,使房地产开发建设有较好的社会效益、经济效益和环境效益。

二、房地产开发的指导原则

1. 房地产开发应当符合国家的产业政策,国民经济与社会发展计划。房地产业作为国民经济中的基础性、先导性的支柱产业,其发展规模、结构和速度必须与国民经济,与社会发展计划相适应。因而城市规划区内国有土地使用权出让必须符合土地利用总体规划,城市规划和年度用地计划。

2. 房地产开发必须严格执行城市规划,按照经济效益、社会效益和环境效益相统一的原则,实行全面规划、合理布局、综合开发、配套建设。

3. 房地产开发的重点是居民住宅。国家采取税收等方面的优惠政策,鼓励和扶持房地产开发企业发展建设居民住宅,尤其是面向中低收入的经济适用房。如1995年开始实施的国家安居工程,在开发用地、资金、税收等方面,国家给予政策扶持和倾斜。

三、房地产开发的形式和程序

（一）房地产开发的形式

1. 综合开发

即根据城市总体规划的要求,对一定区划内的土地利用,房屋建筑,配套工程及其基础设施进行科学地组织,全面计划、分期施工、统一建筑,并在竣工验收之后,做好经营销售,综合服务等工作。

2. 单项开发

单项开发又分为土地开发和房屋开发。

（1）土地开发。即在办理土地征用,拆迁补偿,劳动力安置等事项的基础上搞好道路通、水通、电通等多项基础设施以及平整土地，为房屋建筑铺平道路。然后，进行土地使用权的让渡。

（2）房屋开发。即向土地开发公司购买经过开发的土地使用权，按照城市规划的要求，组织设计施工和建成房屋出售、出租。

（二）房地产开发项目实行"一书两证"的审批制度

房地产开发项目应根据城市规划，年度建设用地计划和市场需求来确定，对其批准立项实行"一书两证"审批制度。

开发项目在取得土地使用权之前，建设行政主管部门或房地产行政主管部门应当组织有关部门对项目的规划设计，开发期限，基础设施和配套建筑的建设，拆迁补偿安置等提出要求，并出具《房地产开发项目建设条件意见书》。

开发企业在取得《房地产开发项目建设条件意见书》后，方可办理土地使用权出让或划拨手续。在取得土地使用权的十五日内，应到建设主管部门备案，领取《房地产开发项目手册》。

开发项目确定后，必须向城市规划主管部门申请定点。由城市规划主管部门核发《建设用地规划许可证》，开发企业即可根据规划设计要求，对项目组织勘察设计工作。

开发项目的规划设计方案，根据城市规划管理的有关法规履行报批手续；然后向城市规划主管部门申请核发《建设工程规划许可证》后，即可申请开工。

（三）房地产开发的程序

房地产开发的程序通常分为四个阶段，即投资决策分析、前期工作、建设阶段、租售阶段。当然，房地产开发的程序并不是一成不变的，某些情况下各阶段的工作可能要交替进行。

1. 投资决策分析

投资决策分析是整个开发过程中最为重要的一个环节，即可行性研究。投资决策分析主要包括市场分析和项目的财务估价两部分。

2. 前期工作

当通过投资决策研究，确定了具体的开发地点之后在获取土地使用权和开发工作以前还有许多工作要做。主要包括以下内容：

（1）研究地块的特性与四至范围。

（2）分析将要购买的地块用途及获益能力的大小。

（3）获取土地的使用权。

（4）征地、搬迁、安置、补偿。

（5）规划设计及建设方案的制定。

（6）向规划管理部门申请，获得规划许可证。

（7）实现施工现场的"七通一平"或"三通一平"。

（8）安排短期或长期信贷。

（9）对拟建中的项目寻找预售（租）的顾客。

3. 建设阶段

建设阶段是将开发过程中所涉及的所有原材料聚集在一个空间和时间点上，项目建设一开始，就意味着在选定的开发地点，以在一个特定的时间段上分布的特定成本，来开发建设特定的建筑物。

4．租售阶段

当项目开发完毕后，开发商往往要看预计的开发成本是否被突破，实际工期较计划工期是否有拖延。但开发商此时更为关注的是在原先预测的期间内能否以预计的价格或租金找到购买或入住的客户。

虽然租售阶段常常处于开发过程的最后阶段，但租售战略是初始投资分析的一个重要组成部分。

第二节　房地产开发的行政管理

国务院建设行政主管部门负责全国房地产开发管理工作。省、自治区、直辖市人民政府建设行政主管部门或房地产行政管理部门负责本行政区域内房地产开发管理工作。

房地产开发建设是投资大，周期长的固定资产的生产，一旦建成，就在相当长的时期内固定不变。而且房地产开发建设与城市人民群众的生活，国家的经济建设都有着密切的关系。为了使房地产开发建设工作能够顺利地开展，强有力的行政管理是非常必要的。

房地产开发的行政管理必须做好以下工作：

一、房地产开发公司的组建管理

房地产开发的行政管理首先要对行业的发展规模作出规划。制定行业发展的政策，明确组建房地产开发公司的单位性质，标准，及联合组建公司的条件和行为准则等。房地产开发公司必须是具有法人资格的经济实体，不得兼有行政管理和行业管理的职能，党政机关不得开办房地产开发公司。

二、房地产开发公司的资质管理

房地产开发公司的资质管理是房地产主管部门对房地产开发公司的章程、自有资金、职工、有专业职称的技术人员、组织管理机构、开发经历和实绩进行审查，评定资质等级，定期复审的行政管理活动。

三、房地产开发建设规划

房地产开发建设规划，是对房地产开发建设行业的全部经济活动，做出总的发展方向的预测和实施的安排。使房地产开发建设发展有方向，经济活动有目标。

四、质量监督管理

房地产开发建设的质量是关系到国计民生的大事，为保证房地产开发建设的质量，必须要建立政府部门和房地产开发企业的两个层次的质量保证体系，以确保房地产开发建设的质量。

五、资金管理

房地产主管部门根据国家对房地产开发建设资金使用的规定，对房地产开发公司的建设资金来源，资金的使用方向，投资效果等内容实行管理和监督。

六、成 本 管 理

房地产开发建设成本管理，首先是要合理确定房地产开发建设成本的构成因素。房地产开发建设过程中所耗费的物化劳动和活劳动的价值，构成了房地产开发建设的成本。房地产主管部门必须制定政策，明确房地产开发建设的成本构成，对与房地产开发建设没有直接关系的因素，按照市场经济的要求，严格划分清楚。

第三节　城市房屋拆迁管理

为了使城市整体功能得到不断改善和提高，对城市规划区内原有房屋及其附属物等进行拆除和重建，以适应经济、社会发展的需要，是城市建设的一项重要工作。

在城市建设中，涉及房屋拆迁的工程很多，如房地产综合开发，危房改造；城市功能、用地布局、空间结构的调整；城市基础设施的建设和改造；环境治理，扩展绿地，治理污染工程等，都需要进行房屋拆迁工作。可见，房屋拆迁是城市建设，特别是旧城改造中的重要内容，并与城市经济建设和发展水平相适应。

一、城市房屋拆迁法规和管理体制

（一）城市房屋拆迁法规

随着我国经济体制的改革，国民经济高速发展，城市建设的速度加快，旧城改造的规模不断扩大。在新的形势下，房屋拆迁已成为城市建设中首要解决的问题。1991 年 3 月，国务院第 78 号令颁布了《城市房屋拆迁管理条例》（以下简称《拆迁管理条例》）。其后，建设部以第 12 号令颁布了《城市房屋拆迁单位管理规定》，1991 年又颁发了实行《房屋拆迁许可证》的通知。各省（自治区、直辖市）、市等地方政府相继制定了有关实施细则、实施办法和相关文件等。

《拆迁管理条例》对城市房屋拆迁管理体制、审批程序、补偿安置原则、拆迁当事人双方权利义务，以及实行《拆迁许可证》制度等作了明确的规定。切实保证房屋拆迁不影响城市建设的顺利进行，又要保证拆迁当事人的合法权益，使房屋拆迁管理工作走向法制化的轨道。

（二）城市房屋拆迁主管部门

全国的城市房屋拆迁工作由建设部主管；各省、自治区建委（建设厅）主管本行政区域内城市房屋拆迁工作。各城市的房屋拆迁主管部门是城市人民政府设立的房屋拆迁管理办公室或是由城市人民政府授权的部门。

城市房屋拆迁主管部门的主要职责是：

1. 制定、宣传、贯彻城市房屋拆迁法规和有关政策。

2. 受理拆迁申请，办理审查、批准，核发《房屋拆迁许可证》，发布拆迁公告。

3. 根据城市建设需要，组织统一拆迁。

4. 处理拆迁纠纷。

5. 对拆迁单位进行资格审查。

6. 对城市房屋拆迁工作进行指导和监督。

二、城市房屋拆迁工作程序

（一）提出拆迁申请

拆迁单位应向被拆除房屋所在地县级以上人民政府房屋拆迁主管部门提出拆迁申请书，同时提交与建设项目有关的批准文件、拆迁计划以及拆迁补偿安置方案。

与建设项目有关的批准文件包括：经行政主管部门批准的建设项目立项批准文件、建设用地规划许可证、建设工程规划许可证等文件。拆迁计划和拆迁方案，要确切地说明拆迁的范围、拆迁的对象、拆迁的实施步骤、安置的房源和临时安置的周转房情况以及拆迁的各项补偿费、补助费和拆迁期限安排等。

（二）房屋拆迁审批

拆迁主管部门收到拆迁申请和提交的批准文件后，应对申请内容认真审查，并深入现场进行实地调查，掌握批准文件是否齐全、有效，拆迁范围内的房屋是否有产权争议，是否有历史文物或不允许拆除的建筑物，对于拆迁补偿安置方案是否符合政策规定、拆迁期限是否合理和可行等。

经审查批准的，发给拆迁申请人《房屋拆迁许可证》，同时向被拆迁人发出房屋拆迁公告，明确建设项目、拆迁范围、拆迁人、拆迁期限等，并有责任向被拆迁人做好有关政策的宣传解释工作。与此同时还应与公安部门进行联系冻结拆迁范围内的入户和分户，以防止不合理的增户，造成补偿、安置的困难。

（三）签订协议，实施拆迁

拆迁双方的权利义务是，拆迁人必须对被拆迁人进行补偿安置，被拆迁人必须执行批准的拆迁决定。拆迁双方须在拆迁管理部门规定的拆迁期限内，就有关问题签订书面协议，明确权利义务，并可向公证机关办理公证。拆迁协议必须报送拆迁主管部门备案。

拆迁人必须在《拆迁许可证》规定的拆迁范围和拆迁期限内实施拆迁，不准超越批准的拆迁范围和拆迁期限。

拆迁实施的方式有统一拆迁、委托拆迁和自行拆迁三种形式：

1. 统一拆迁

是由政府拆迁管理部门统一组织，具有拆迁资格并取得《房屋拆迁资格证书》的单位承担房屋拆除、被拆迁人补偿安置和其他相关的前期工作。这种方式适合于全面规划、综合开发的项目和向外商出让土地的项目。但房屋拆迁主管部门不得接受拆迁委托。

2. 委托拆迁

是由拆迁人委托具有房屋拆迁资格并取得《房屋拆迁资格证书》的单位承担其拆迁工作。并由双方签订委托拆迁合同，经拆迁主管部门鉴证。

3. 自行拆迁

是由掌握拆迁政策法规，具体拆迁技术的拆迁人，实施本单位的拆迁工作。自行拆迁应到拆迁主管部门申请核准，未经核准的不准实施拆迁。

（四）城市房屋拆迁的补偿和安置

1. 城市房屋拆迁补偿

为保证被拆除房屋所有人的合法权益，拆迁人应当对被拆除房屋及其附属物的所有人给予补偿，所有权人包括公民和法人。应当明确的是，补偿的对象不是使用权人。

（1）房屋拆迁补偿的形式和标准。房屋拆迁补偿有三种形式：

1）调换产权。是实施补偿形式，拆迁人以原地建房或场地建房给被拆迁房屋的所有人调换产权，产权调换面积按照被拆除房屋的建筑面积计算。

2）作价补偿。拆迁人将被拆除房屋的价值，以货币结算方式补偿被拆除房屋的所有人。补偿金额按照被拆除房屋建筑面积的重置价格结合成新因素计算。

3）产权调换与作价补偿相结合的形式。拆迁人按照被拆除房屋的建筑面积，以其中一部分房屋补偿被拆除房屋的所有人，其余部分按照作价补偿形式折合货币支付给被拆除房屋的所有人。这种补偿形式比较灵活，适宜于被拆除房屋较多，又难以支付补偿房屋结构差价的被拆迁户。

（2）结算房屋结构的差价。房屋结构不同，其造价也不同，结算房屋结构差价是因各种不同结构房屋造价存在差额，为不影响拆迁人和被拆迁人的经济利益，以产权调换形式补偿房屋时需要结算结构差价。

结算房屋结构差价，是按照被拆除房屋的重置价格扣除成新因素与补偿房屋造价之差额，由拆迁当事人一方向另一方支付差额的货币。

2. 城市房屋拆迁安置

城市房屋拆迁安置的对象是被拆除房屋的使用人，而不是房屋的所有权人。只有在被拆除房屋的所有人自住的房屋时，拆迁补偿和安置才为同一对象。

被拆迁房屋安置的对象是指在拆迁范围内具有正式户口的公民和机关、团体、企业、事业单位，并符合拆迁安置条件的。

（1）拆迁安置的形式。拆迁安置的形式有两种：

1）一次性安置，即将被拆除房屋的使用人直接迁入安置的房屋，没有周转过渡，一次安置完毕。

2）过渡安置，拆迁人因工程建设，不能一次安置被拆迁人，可以进行临时安置，过渡一段时间再迁入安置的房屋。

对于过渡安置，要明确过渡期限，如超过期限得不到安置的，应对被拆迁人所受的损失给予补偿。

（2）拆迁安置的地点分原地安置和异地安置两种。应根据城市规划对建设地区的要求和建设工程的性质，按照有利于实施城市规划和旧区改造的原则确定。为了减轻城市中心区的压力，应鼓励一部分人迁往城市其他区域。

（3）拆迁安置标准。拆除住宅房屋，按照建筑面积计算，也可按使用面积和居住面积计算，原则是拆除多少，安置多少。考虑我国城市旧区居民住房困难户较多，可适当增加住房面积，迁往较远的地段。安置面积与拆除房屋面积的差数一般掌握在一个自然间以内。拆除非住宅房屋，按照被拆除房屋的建筑面积安置。如被拆迁单位因工作需要，要求结合拆迁增加面积，应按等价交换的原则，由双方协商解决。

第四节 住宅建设管理

住宅是房地产开发的主要内容，是城市建筑的重要组成部分，随着经济建设的发展，住宅在城市房屋中的比例越来越大，加强住宅建设管理是城市房地产行政管理的重要任务。

城市住宅建设管理就是对城市住宅建设全过程中的各项经济活动进行决策、规划、组织、协调、指挥和监督，合理地组织生产力，正确处理生产关系。城市住宅建设管理的内容主要包括：制定科学的城市住宅发展规划，建立稳定合理的住宅建设资金渠道，加强住宅建筑标准管理，扶持合作建房等内容。

一、制定城市住宅发展规划

住宅是人们生活必须的物质资料，是国家财富的重要组成部分。住宅建设是城市基本建设的重要环节。城市住宅建设必须与国民经济和社会发展进程相适应。为了搞好城市住宅建设，首先要制定出切实可行的住宅发展规划，以指导城市住宅建设。而住宅发展规划又必然影响城市发展的规模，并需考虑和人口、家庭、消费水平以及各行各业的发展规划协调一致。

（一）住宅发展规划必须以住宅关联社会为指导思想

住宅作为人们生活的要素，随着生产力的发展，带来人类社会经济形态的变迁，已经突破了人类最初作为遮避风雨，生存繁衍依托的使用价值的单一规定性，在社会生活和社会再生产过程中发挥着越来越大的作用。

1. 住宅随着生产力的不断发展，不仅是作为维持最低生活条件的生存资料；由于数量增加、居住舒适，能满足一定限度的享受要求，又成了享受资料；进一步发展到能为学习、工作、精神生活提供优越条件，便成了发展资料。随着新的技术革命浪潮的兴起，劳动生产率的提高，脑力劳动在劳动生产中比重增加，住宅作为享受资料和发展资料的作用越来越突出。

2. 住宅既是人们生活必须的消费资料，又是社会生产赖以正常进行的物质资料。在不同的社会中都有与这种生产方式相适应的生产条件的住宅。如封建社会的小农一般所具有的茅屋草舍。资本主义社会象恩格斯指出的"随便哪一个资本家，只要被自己的生产条件束缚在一定的乡村的地方，而又没有现存的工人住宅，都不得不为自己的工人修建住宅"。这样可以缩短工人上班的路途时间，减少体力消耗，从而使资本家获得更多的利润。社会主义国家进行城市基本建设时，强调生产性建设和住宅等非生产性建设必须配套安排，是为了有利于生产和方便职工的生活。

3. 修建并占有住宅是维持、巩固和发展现存生产关系的重要手段。在资本主义社会，资本家掌握住宅，作为满足个人和集团最大利益的手段，从而维护了资本主义生产关系。在社会主义国家，修建了大批住宅，实行出售及合理分配，对于保障人民群众的居住生活，巩固发展社会主义生产关系，具有重要作用。

4. 住宅是影响政治生活，调整社会关系的重要物质条件。通过建造住宅的数量、结构、造型，布局等对于职工家庭结构，青年婚期，少年心理状态、伦理道德，邻里关系及市容环境，市政交通等都有重要影响。

住宅建设不可避免地带有它所处的那个社会形态的社会性，它与政治、经济、法律、伦理道德、心理、人口等息息相关。恩格斯指出："并不是住宅问题的解决同时就会导致社会问题的解决，而只是由于社会问题的解决，……才同时使得解决住宅问题成为可能。"因而，编制住宅发展规划必须与经济和社会发展相一致。

（二）住宅发展规划必须和城市发展规模密切结合

城市规模的大小，通常以城市非农业人口总量为主要标志。住宅发展规划与城市发展规模密切相结合就是住宅拥有量须与城市人口总量合理的需求相一致。住宅的建造量一般应快于人口总量增长的速度，为了制定科学的住宅发展规划，必须算清影响城市形成和发展的主要因素。

这些因素包括工业、商业、交通运输、通讯、科学、文教卫生事业、基本建设、农业等发展情况，都会导致人口的增加，影响城市住宅的建设。

（三）住宅发展规划必须列入国民经济和社会发展计划，进行统一综合平衡

建国以来，我国城市住宅建设在国民经济和社会发展计划中没有列入独立的项目，而分散在工业、商业、科研、文教、卫生、交通、行政等的投资计划之中，一年当中住宅建设占国家、地方和企业投资各多少，开工、竣工面积各多少，事先不得而知，事后也无法统计，使住宅建设前期做不到全面规划，统筹安排，建成后也得不到综合反映。以致建房资金、劳动力、材料等不能在国家计划中得到统一平衡。

住宅建设的主要经济指标必须在国家和城市的经济和社会发展计划中明确规定。在考核基本建设投资效果时必须把住宅投资效果列为一项。使住宅建设得到合理的安排。

二、建立稳定合理的住宅建设资金渠道

（一）稳定合理的资金渠道是住宅发展规划顺利进行的保证

稳定合理的住宅建设资金渠道是保证住宅发展规划顺利进行，住宅再生产良性循环的资金来源。因而需要做到性质上合理，数量上稳定并逐步增长，时间上长期起作用。

城市住宅均衡稳步地发展是客观形势的需要。住宅发展不稳定必然造成住宅供需紧张，影响生产，妨碍社会扩大再生产的顺利进行。同时，住宅是由个人消费使用性质决定的，消费者个人对于住宅不仅有使用的权利，而且首先应有建设的义务。随着职工工资的合理调整，住宅建设资金渠道应包括消费者个人的支出。另外，从加强企业生产基金和住宅建设基金管理来看，如果企业的厂房和职工住宅混在一起提取折旧，资金管理不分家，形成挤占住宅资金搞生产，又动用生产资金建住宅，则会造成资金管理的混乱。建立稳定合理的资金渠道是考虑对住宅建设实行统一计划管理的需要。住宅是一种关系到国计民生的物质产品，需要投入大量的资金、人力和材料，需要规划、设计、征地、基建、市容、环境、交通、基础公用设施等的配套，所以必须实行全面规划管理。城市住宅发展的规模、速度，新区开发与住宅整体的布局，旧区的合理改造，大配套的同步建设等都必须进行全面规划，合理布局。因而，不建立稳定合理的资金渠道，搞好住宅建设是难以实现的。

为了建立稳定合理的资金渠道，应该遵循以下原则：

1. 坚持住宅再生产的良性循环

住宅是非生产性固定资产，建成后无论是出售或出租，都应根据固定资产再生产的原理，本着资金收回再投入的原则，重新用于住宅的建设。先要维持住宅的简单再生产，逐步实现扩大再生产，无论补偿条件来自社会或是消费者个人，都应保证资金正常运行，也就是住宅再生产的良性循环。

2. 坚持调动各方面的建房积极性

过去，城市住房实行"低租金，国家包"的政策，形成国家建房越多，包袱越重，群

众意见越大的被动局面。因而必须改变这种状态，调动各方面的积极性，中央、地方、企业、个人齐心协力，广辟渠道，筹集资金建房。

3. 坚持统筹兼顾，合理安排

当前住房存在苦乐不均的现象，一些微利行业和中低收入者住房紧张，因而需要制定专门政策和措施，统筹兼顾，合理安排廉价商品房和安居工程的建房资金，坚持住房建设的社会主义方向。

（二）当前我国城市住宅建设的资金渠道

1. 国家投资。在国家安排的基本建设投资中应包括住宅建设投资，并应占有较为稳定的比例。

2. 地方自筹。地方财政投资应包括在地方财政安排的基本建设总投资中。

3. 企业投资。企业要充分挖掘潜力，在利润留成中规定一定比例的住宅建设投资。

4. 建立职工住房公积金制度以及改革现行低租金制，适当提高租金，安排一部分资金用于建房。

5. 鼓励私人投资建房，合资建房，大力发展住宅合作社。

6. 征收城市房产税，作为住房建设资金。

7. 征收土地使用税，用于土地开发和建设住宅的投资。

8. 吸收外资新建住房，积极引进，开展合作经营，独资经营等。

9. 金融部门向城建部门发放住宅建设的专项贷款，用于住宅建设。

10. 发展住房公积金制度，为住宅建设资金长期、稳定地发展注入活力。

三、加强住宅建筑标准管理

住宅建筑标准是国家对一定政治经济发展时期内住宅建设的主要经济、技术指标所作的统一规定。认真做好住宅建筑标准管理，是城市建设部门的重要任务之一。这些指标主要有：住宅面积标准，住宅造价标准，层数和层高，住户比例，民用建筑综合指标等。认真执行国家有关规定，加强住宅建筑标准管理，对于制止住宅建设中的混乱状态，降低住宅造价，提高投资的经济效益和社会效益具有重要的意义。

（一）制定住宅建筑标准应当遵循的原则

1. 要充分体现社会主义制度的性质。在阶级社会里，不同的阶级有不同的住宅建筑标准和不同的设计原则。我国是社会主义国家，劳动人民是国家的主人，制定住宅建筑标准，必须着眼于解决广大人民群众的居住问题，保证劳动者在住宅建筑标准方面既有差别，又不致于过分悬殊，以体现社会主义制度的优越性。

2. 要与一定时期国民经济发展水平相适应。住宅建设是基本建设重要内容，基本建设必须根据国力的情况制定计划。当前，我国生产力发展水平还不高，生产建设资金不足，住宅建设资金有限，不可能大量投资兴建住宅，因而建筑标准不宜过高，应在国民经济现有水平条件下，使一定量的投资尽可能解决更多的问题。

3. 根据不同地区、民族、城市和改革开放的需要等情况区别对待，制定不同的标准。

4. 立足当前，照顾未来，注意留有余地。

（二）现阶段城市住宅适宜的标准

1. 建筑面积。根据国务院有关城镇住宅标准的规定，全国划分为四种类型：

以户为单位。1类：42～45m²；2类：45～50m²；3类：60～70m²；4类：80～90m²。

2．层高，层数。层高为2.8～3.0m；层数依城市规模大小而定，小城市以低层为主，大、中城市以多层为主，适当发展高层建筑。

3．住户比例。既要控制一定投资兴建住宅的数量，又要保证一定时期以内基本上适应职工住宅的需要。

4．住宅的必要设施和造价，每户住宅设计以套为单位，按国家有关规定执行。

5．民用建筑综合指标。是指在新建工矿企业一次性投资时的计划，设计部门提供职工各项生活福利设施所需的建筑面积定额指标。

（三）认真执行建筑标准，努力降低工程造价

1．制止楼堂馆所、豪华别墅、高级住宅的建设。

2．狠抓建筑标准管理几个环节。

（1）搞好住宅建造计划的综合平衡，把好计划审批关。

（2）加强设计管理，把好设计审查关。

（3）加强住宅建设过程中经济活动的银行监督。

四、扶持合作建房

合作建房，简单地说，是以个人、单位，政府几个方面的力量建造住宅，解决住宅问题。以个人投资为主，单位、政府对其进行帮助和扶持。从这点可见，合作建房属于个人建房或个人投资解决住房的内容。从合作建房发展的情况看，一方面个人建房是合作建房的基础，另一方面，合作建房从组织形式，建房规模和作用都不同于过去的个人建房，可以说，合作建房是个人建房的一种更高级的形式。

合作建房在50年代末，60年代初在工会系统曾组织或提倡"自建公助"建房，解决住房问题，虽然在一些系统内，或小城镇有些成效，但影响不大。合作建房的发展主要是1978年以后，主要采取了职工集资，企业帮助，政府扶持，统一建造住宅的做法。

（一）合作建房的优点

1．合作建房为个人投资解决住房问题拓展了更大的范围。过去个人建房大多局限于小城镇或中小城市；在大城市，个人建房往往要受到土地等多方面的限制，难以开展起来，而大城市住房困难问题往往又比较突出。采取了合作建房以后，个人投资，由单位或政府统一建设，有效地吸引了大城市居民将一部分消费资金用于住房，缓和住房紧张矛盾，打破了大城市难以个人投资建房的困难。近几年中一些大城市相继组织开展了合作建房。

2．合作建房克服了个人建房乱搭乱建的现象，有利于城市规划的实行。合作建房不再是几家几户或个人自行建设，采取的是统一征地，统一设计，统一建设，统一管理的方式，按照城市规划的要求建设和管理。

3．合作建房有利于旧城区的改造。旧城市住房拥挤，改造起来不仅工程量大，而且资金负担重。通过合作建房方式，利用政府、单位、个人几方面的力量，为改造旧城区开辟了一条新途径。

4．合作建房还有利于克服、纠正个人建房中的不正之风。在一些地方，由于对个人建房管理不严，有的干部利用职权，不按国家的规定，建造房屋自住，在群众中造成极坏影响。合作建房便于加强对个人投资建房的管理，无论是谁，只要是个人投资建房，参加合

作建房，就要接受公开监督检查。

（二）合作建房的组织形式

合作建房在一些地方开展起来，还采取了住宅合作社的组织形式，收到了较好的效果。根据各地住宅合作社合作建房的情况，大体可以将其分为三种类型：

第一种类型：以政府直接组织的合作建房。政府组织的住宅合作社，面向社会吸收社员，凡住房困难，愿意参加住宅合作社解决住房问题的城镇居民家庭均可参加住宅合作社。

第二种类型：单位组织的职工住宅合作社。该类型住宅合作社，单位直接参予管理，所吸收的社员主要是单位的职工。合作住宅建设费用采取由单位资助房屋建筑的配套费、有关税费等部分，个人承担房屋建筑的土建造价部分。职工住宅合作社实行住宅合作基金制和住房合作房产制度。合作基金由办社单位用于住房建设应投入的资金，社员储存的住房合作基金，合作社融通的资金三个方面构成。

第三种类型：旧城区改造住宅合作社。这种类型的住宅合作社，其特点主要是一些旧城区的居民家庭参加的，多由区政府组织或管理。

以上三种类型住宅合作社的共同特点有：

1. 政府支持，单位资助，具有"半官办半民办"的特色。

2. 合理地确定了合作社住宅价格。结合国情、民情，合理确定合作住宅价格，是住宅合作社得以开展起来的重要原因之一。

3. 建立了合作住宅建、管、修新的管理机制。合作建房，由于采取了住宅合作社组织形式，因此从建房开始一直到进住以后，都由合作社按照一种新的住房经济运行机制建立的管理办法，住宅合作社就不仅妥善解决建的问题，还要解决进住以后一整套的管理问题。

（三）完善合作建房工作

组织住宅合作社，合作建房，是加快解决住房问题的一种好的方式，今后应从以下七个方面努力，完善合作建房工作。

1. 政府要积极支持，领导要重视。各地实践证明，住宅合作社，合作建房能否搞得起来，关键在领导。

2. 建立健全管理机构，实行住宅合作社，合作建房的归口管理。住宅合作社的归口管理单位，应该是当地政府房地产管理部门。

3. 积极做好合作建房的资金筹集工作。

4. 在政策上给予优惠。

5. 结合旧区改造，组建住宅合作社。

6. 加强合作住宅的管理工作。

7. 制定有关住宅合作社方面的政策和法规以规范合作建房的行为。

思 考 题

1. 什么是房地产开发，房地产开发的形式和种类有哪些？

2. 什么是房地产综合开发，其特点是什么？

3. 如何加强房地产开发的行政管理？

4. 城市房屋拆迁安置补偿标准是如何规定的？

5. 政府如何扶持和促进合作建房事业的发展？

第七章 市场管理

城市房地产市场行政管理是政府房地产行政机关对房地产社会再生产流通环节的宏观管理。房地产市场是我国社会主义市场体系中的重要组成部分。搞好房地产市场管理，关系到房地产经济健康有序的发展，关系到房地产资源的合理配置，并直接关系到国民经济建设和人民居住生活水平的提高和改善。随着我国社会主义市场经济体制的建立和法制建设的逐步完善，我国房地产市场在促进房地产经济增长，实现房地产经济的良性循环方面将发挥其重要作用。

第一节 房地产市场概述

一、房地产市场的涵义

城市房地产市场的涵义，从狭义上说，房地产市场是房地产商品交换的场所；从广义上说，房地产市场是房地产商品交换关系，即房地产流通全部过程的总和。具体地说，房地产市场是房地产商品包括有形的房地产商品（如房屋和土地）和无形的房地产商品（如劳务、信息、咨询服务等）交换过程的统一体，是有限空间（交易所）和无限空间（交易所以外的社会各个角落）的统一体。房地产市场是连接房地产开发建设与房地产消费的桥梁，是实现房地产商品价值和使用价值的经济过程，是房地产商品经济运行的基础，是社会主义条件下不可逾越的阶段。列宁指出："哪里有社会分工和商品生产，哪里就有市场。市场和社会主义劳动专业的程度有不可分割的联系。"说明商品生产者必须通过市场才能建立联系和实现商品的价值。房地产市场自身也是随着商品经济的发展而不断扩大，总之，市场是使房地产经济纳入社会主义市场经济轨道的必然产物。市场与商品经济的发展互相联系，房地产市场是组织社会房地产经济的运行系统，是房地产经济在流通领域运行的载体，体现着以房地产为媒介的社会经济联系。

二、房地产市场的性质、地位和作用

（一）房地产市场的性质

房地产市场与其他商品市场有着广泛的联系和许多共性。但是由于房地产商品的特殊性，即具有价值大、使用期限长、位置的固定性，其交换活动不可能集中到固定场所去进行，并且特别需要凭借金融、信息等部门的作用才能实现。因而房地产市场具有其自身的特殊性。

1. 地产市场实际是由政府控制的垄断市场

我国城市土地属于国有，所谓土地交易只是一定期限的使用权的买卖，土地的所有权始终掌握在代表国家的各级政府手中，其用途又由城市规划所限定，不能任意更改，所以

地产市场实际是由政府控制下的垄断市场。

2．房地产市场具有层次性和差别性

房地产商品生产过程需要耗费很多物化劳动和活劳动，价值很高，不是每一个家庭都能够通过等价交换取得的，但是住房又是人们必需的生活资料，每个家庭都不能缺少，所以国家必须采取不同的政策进行调节。如对高收入的家庭采取市场价格，对中等收入的家庭给予优惠条件，对低收入的家庭采取补贴政策。所以在房地产市场中，对不同层次的家庭应采取区别对待的方法。

3．房地产商品交换，是由出售和出租两种主要方式体现

由于房地产商品的价值大，决定了在过去低工资、低消费的条件下，房屋出租是主要的分配形式。今后随着家庭收入的增加，购买住房已逐渐成为人们所接受的交换方式。

购买住房是房地产交易行为，是房地产商品由物质形态到价值形态一次性的交换过程。但是房屋出租，同样是商品交换行为，即房地产使用价值的零星出卖。由于房地产商品的特点，和人们需要的差异性，在房地产市场中，这两种交易形式将长期并存，只是在不同时期所占的比重不同罢了。

4．房地产市场供需矛盾的内涵不同于一般商品市场

由于房地产的固定性、土地的稀缺性、不可再生性和房地产生产投资巨大，致使房地产商品具有需求弹性大，供应弹性小的特点，从而加剧了房地产供需的复杂性。

5．房地产商品价格的制定难度较大

房地产商品价格的制定受各种因素的影响。如房地产具有可垄断性，其价格易受国家政策的干预；房地产价格昂贵，制定价格既要考虑人们的承受能力，又要不违反价值规律；由于房地产的差异性，存在着地点、朝向、楼层结构等不同，其价格也各异，特别是房地产交换存在着买卖、租赁、抵押、赠与等多种形式，因而制定房地产的价格比一般商品价格复杂得多。

从以上各点可以看出房地产商品的特殊性、房地产市场的复杂性、房地产交换的多样性。所以房地产市场特别需要运用经济手段、法律手段和必要的行政手段加以调控，以促其逐步发展和完善。

（二）房地产市场的地位和作用

我国房地产市场是社会主义统一市场的重要组成部分，是整个市场体系中的一个活跃的具有明显特性的专门市场。因为房地产既是重要的生产经营活动的物质要素，又是人们居住生活不可缺少的消费资料，所以在产品市场和要素市场中都占有举足轻重的地位。

房地产，从静态来看，是长期积累起来的巨大社会财富；从动态来看，是处于社会的再生产运动中及其自身不断更新改造的过程之中。市场是商品经济运行的载体，在房地产社会再生产运动中对整个国民经济起着非常重要的作用。具体表现在以下方面：

1．运用价值规律，通过市场调节，改变生产结构和消费结构，平衡供求关系，促进房地产商品化的发展。

2．促进社会再生产，使房地产转入良性循环，繁荣房地产经济，为国家提供积累，成为国民经济的支柱行业。

3．可以了解市场发展趋势、价格涨落、供求状况，消费心理等，为生产者提供信息，为决策者提供依据，促使城市布局合理，节约宝贵的土地资源。

4. 有利于市场竞争，有利于完善市场机制，为房地产企业提供良好的外部环境。

5. 有利于学会运用信贷资金和社会集资，可以促进银行信贷经营的发展。

6. 建立房地产市场，使社会主义市场体系日趋完善，并为实现政企分开，使行政管理由直接管理转为宏观管理提供条件。

三、我国房地产市场的分类和结构模式

（一）我国房地产市场的分类

我国房地产市场是社会主义市场体系中的一个重要组成部分。可以从不同角度，按不同标志，划分为不同类型：

1. 按商品的用途，可以分为生产资料市场和消费资料市场。如商品为工业厂房、仓库和营业用房等为生产资料市场；如商品为住宅、校舍、医院等则为消费资料市场。

2. 按商品的供需情况可分为买方市场和卖方市场。卖方市场是商品不足，供不应求，卖方商品不愁销售，处于优势地位；买方市场是商品丰富，供大于求，卖方竞争激烈，买方处于优势地位。

3. 按交易方式可分为地产市场、房地产市场，也可细分为交易市场、租赁市场、换房市场、抵押市场、劳务市场、金融市场和信息市场等。

4. 按商品流通的范围可分为国内市场和国际市场。

（二）我国房地产市场的结构模式

目前，我国房地产市场呈三级结构模式：

一级市场，由国家垄断经营。地产呈纵向流动。由政府以土地所有者身份，把土地使用权投入市场运营，表现为政府与经营者、使用者之间的行为，反映资源价格和从所有权分离出来的使用权的价格，并由政府确定其交易方式。

二级市场，具有经营性质。房地产呈横向流动，由经营者向使用者平行移动。表现为经营者与使用者之间的交易行为，反映的是以开发经营价值为基础的企业价格，是扩大供给条件下的市场行为。

三级市场，具有消费性质。房地产呈横向流通，即使用者、经营者之间的平等转移，表现为使用者之间的交易行为。反映的是以效用为尺度的市场价格，是调剂需求条件下的市场行为。

以上三种市场模式有内在联系，互相影响，互相促进。其中一级市场起导向作用，二、三级市场形成竞争格局，是我国社会主义市场体系的一个特色。另外，随着房地产市场的发展和拓宽，也有的把房地产相关的抵押、保险、证券等市场列为四级市场。

四、房地产市场的基本要素和机制

（一）房地产市场的基本要素

在房地产市场活动中，交换双方之间存在着房屋和价值的经济联系。这种经济联系是由交换双方当事人进行的，并且体现着他们各自的经济利益。因此从房地产市场整体来看，必须包括三个基本要素。

1. 必须有一定量的房屋（商品）或劳务（参与交换的客体）。马克思指出："商品的物质区别是交换的物质动机。"（《马克思恩格斯全集》第 23 卷，第 182 页）。马克思还认为，

服务（劳动）就像其他一切商品，也提供自己的特殊使用价值一样。因此，房地产市场必然要集中一定数量的、不同式样和标准的商品房屋及房屋建筑和装修的劳务，来供人们进行交换。可见，具有一定使用价值的一定量的房屋和劳务，是构成房地产市场的基本要素之一，它是市场交换活动的物质基础。但是目前，房地产市场只能说是初级阶段，是卖方市场，可提供交换的房屋数量和品种还不丰富，是供不应求的。

2. 必须有一定量的购买力

在房地产市场上，房屋价值得以实现的必要条件，既是市场上必须具有一定的支付能力的需求，也就是一定的货币量及其所代表的购买力。这是构成房地产市场的又一个基本要素。具体地说，生产经营部门建造了大批的商品房，由于房屋售价比较高，目前职工工资水平又不高，一般中、低收入的职工购买商品房有困难，所以房产交易，只能以租赁的形式为主，或由单位购买，然后再分配给本单位职工居住。

3. 还必须有参加交换活动的当事人（参与交换的主体）

房屋是不动产，不能拿到市场上去交换，而是通过当事人双方的交换活动，来转移房屋的所有权（或使用权）。房地产市场必须有参加交换活动的当事人，包括生产者、经营者（供给方）、消费者（需求方）、融资者、中介服务人员和专职的房管人员、市场管理人员及其有关机构等，这是构成房地产市场的主体。

上述三个要素是缺一不可的。

（二）房地产市场机制

所谓房地产市场机制，就是价格、成本、利润、税收、利息、信贷等经济机制因素对市场的制约作用。由于其他因素直接、间接地通过价格起作用，所以也可以归结为价格机制。价格是价值的货币表现。因此，市场机制归根到底就是价值规律的作用在市场上的表现。

房地产市场的价格机制也在计划的指导下，发挥市场机制的作用，接受供求规律的调节。

（三）房地产市场的功能

房地产市场功能是房地产市场机制所具有的职能，它表现为市场机制所从事的具体活动，如房屋买卖、房屋租赁、房屋互换和土地使用权的让渡等等。概括起来说，具有两大功能，一是交换的功能，这是市场的基本功能；二是反馈的功能，这是由交换功能派生出来的，但也是一项重要功能。

1. 交换的功能

房屋是价值和使用价值的矛盾统一体，房屋生产者为了实现其房屋价值，就必须在市场上作为卖方出售自己生产的房屋；消费者为了满足居住生活的需要，也就必须到市场上作为买方去购买所需的房屋。为此，通过多次买、卖活动使房屋所有权在交换当事人之间不断变更，才能使房屋的价值得以实现，这就体现出市场所起到的交换功能。

2. 反馈的功能

反馈的功能，也称为信息反馈功能。在商品生产条件下，房屋生产者的劳动消耗只有通过市场来进行比较，并得到购买者的承认才能转化为社会必要劳动，它的个别价值才能转化为社会价值。通过市场供求状况的信息，反馈到房屋生产者，以促使生产者改进生产技术，调整产品结构，适应消费需要。

第二节 房地产流通的特点和形式

一、房地产流通的特点和交易原则

我国城市商品房屋的流通与其他商品一样，由商品到货币，由货币再到商品，不断地变换它的形态，以实现其使用价值和价值。但是，由于商品房屋的特殊性，在市场上流通的形式与其他的商品相比有其不同的特点：

（一）房地产流通的特点

1. 商品房屋是不动产

由于房屋的固定性，房屋在流通过程中只存在 G—W—G′（货币—商品—货币）的形态变化，不发生物体的空间移动，不能把房屋拿到市场上去出售，而是通过转移房屋的所有权和使用权来实现。

G′＞G，这是资金由商品形式转变为货币形式的阶段。也是商品房屋流通的一般公式。

2. 房屋的使用期限长，价值大，可以一次出售，也可以零星出售，故商品房屋交易有出卖和出租两种形式。在我国目前城市职工工资水平低的情况下，房屋出租是比较普遍的流通形式。今后随着生产的发展，职工生活水平不断提高，住宅出售必将成为房屋流通的重要形式，与房屋出租同时并存。

3. 在出租房屋中，由于产权仍属出租人所有，因此，出租人应负修缮责任，这样就形成了房屋的流通和生产（修缮）、消费交织在一起的经济活动。

4. 目前，在我国由于职工工资水平较低，国家为了保证人民的居住生活，城市住宅的流通大部分是通过行政手段实行住宅分配制度，今后随着经济体制的改革，住宅分配制度将逐渐缩小到一定范围。

5. 房屋和土地相连，固定不动，但消费者则根据生活需要和某种原因，要求变换房屋地点，为了解决这些矛盾，组织换房市场，通过住房互换或多角调换，使各有所需的用户达到各得其所的目的，也是房屋的一种很重要的流通形式。

我国城市地产流通的特点是产权不变，土地使用权一般是随地上建筑物产权的转移而转移。

（二）房地产市场交易的原则

房地产市场交易原则由房地产主管部门制定，参与交易的各方必须遵守：

1. 等价交换的原则

等价交换的原则是价值规律的要求，也是商品经营的基本原则。

2. 竞争的原则

竞争是在市场经济条件下的基本原则。在纵的方面，贯穿于市场活动的全过程。在横的方面，竞争有产品质量、价格、时间、信息、服务等各方面的竞争。

3. 租售并举的原则

由于房地产商品的特殊性，在市场营销过程中，可根据需求者的支付能力和要求，决定经营方式，以满足不同消费者的愿望。

4. 房地产权利主体一致的原则

房地产是不动产，二者密切结合，不可分割。因而必须坚持这一原则，以保证房地产经济利益的实现。

二、房地产流通的形式

房地产流通的形式包括房地产转让、房地产抵押和房地产租赁等。

（一）房地产转让

1. 房地产转让的涵义

《城市房地产管理法》规定："房地产转让，是指房地产权利人通过买卖、赠与或者其他合法方式将其房地产转移给他人的行为。"

房地产转让的实质是房地产权属发生转移变更。房地产转让时，房屋所有权和该房屋所占用范围的土地使用权同时转让。

2. 房地产转让的分类

根据转让的对象，房地产转让可分为地面上有建筑物的转让和地面上无建筑物的转让，也称为房地产转让和土地使用权转让。

根据土地使用权获得的方式，房地产转让可分为以出让方式取得土地使用权转让和以划拨方式取得土地使用权转让。

根据转让的方式，房地产转让可分为有偿转让和无偿转让。有偿转让主要包括房地产买卖、无偿转让主要包括房地产赠与、房地产继承等行为。

房地产买卖与房地产赠与的区别是，房地产买卖是产权人以一定的价格将房地产转给他人的行为，属于双务行为；房地产赠与是产权人将房地产无偿赠送他人的行为，属于单务行为。因而需要在房地产转让管理中严格加以区别对待。

（二）房地产抵押

房地产抵押，是指抵押人以其合法的房地产以不转移占有的方式向抵押权人提供债务履行担保的行为。债务人不履行债务时，抵押权人有权依法以抵押的房地产拍卖所得优先受偿。

房地产的抵押物随土地使用权取得的方式不同，对抵押物的要求也不同，依法取得房屋所有权连同该房屋占用范围内的土地使用权，无论来源于出让或划拨都可以设定抵押权。如果是单纯的土地，则必须是以出让方式取得的土地使用权才可以设定抵押权。

（三）房屋租赁

房屋租赁，是指房屋产权人将其房屋出租给承租人使用，出承租人向出租人支付租金的行为。

房屋租赁的分类：

按房屋所有权的性质分为公有房屋租赁和私有房屋租赁。

按房屋的用途分为住宅房屋租赁和非住宅房屋租赁。非住宅房屋包括办公用房、营业用房和生产经营用房等。

（四）土地使用权的让渡

土地使用权的让渡分为出让和划拨两种形式。出让是指国家将国有土地使用权通过有期有偿的形式出让给土地使用者，由土地使用者交纳土地使用权出让金的行为。行政划拨是指国家将国有土地无偿无期划拨给土地使用者的行为。以上属于一级市场，由国家垄断经营。

另外，土地使用权的转让，系指土地使用者之间横向转移的行为，属于二级市场，是使用人以平等主体的关系进行的。

三、房地产流通的特征

（一）房产买卖

房产是不动产，它在商品流通中不是以实物的形式在买卖双方中间流动，而是在房产所有权证上产权人的不断更替。所以，房产买卖是取得或丧失所有权的重要依据，是房产分配和再分配的重要形式。同时房产买卖必然导致其所占用范围内土地使用权的随之转移。

1. 从所有制来说，房屋买卖的形式有以下几种

现阶段我国房屋存在着三种所有制形式，即国家所有、集体所有和私人所有三种不同的所有制形式。故买卖关系亦可以分为三种：

（1）国有房产的买卖。国有房产分为直接管理和单位自管两种形式。直接管理的房产，其出卖人是代表政府管理的房地产管理机关；而各单位自有的房产在授权范围内，并经主管机关批准的可以出卖。房屋的买受人可以是全民所有制单位、集体所有制单位，也可以是公民个人。

（2）集体所有房屋的买卖。集体房产的所有权属于集体经济组织。集体单位对其所有的房屋享有完全的占有、使用、收益和处分的权利。故可以将其所有房屋卖给其他单位或公民个人。但是，因为集体所有制经济在我国也属于计划调节范畴，所以在出售房产时，也应经有关主管机关批准。

（3）私有房产的买卖。公民个人所有的房产可以买卖。但是有关条例规定，不允许出卖私产挤住国有房产，也不允许利用私房买卖进行投机倒把等非法活动。机关、部队、团体、企事业单位不得购买或变相购买城市私有房产，如因特殊需要，须经县以上人民政府批准。

目前，住宅商品化正在推行，故私房买卖将是我国城市房产交易中最广泛的一种关系。

另外，从商品房出售（即增量房屋的出售）来看，包括现房出售和商品房预售，它是当前房屋买卖的主要渠道之一。

（1）商品房出售，是指房地产开发企业将建成的新房出售给房屋购买人，由房屋购买人支付房价的行为。

对于房屋买卖，国家实行房地产成交价格申报制度。房地产权利人转让房地产，应当向县级以上地方房地产行政管理部门如实申报成交价，不得瞒报或者作不实的申报。

房屋买卖，应当签订书面买卖合同，合同中应当载明土地使用权取得的方式。

房屋买卖，应依法进行房地产权登记，领取房地产权属证书。

（2）商品房预售。商品房预售是指房地产开发企业将正在建设中的房屋预先出售给房屋承购人，由承购人支付定金或房价的行为。

商品房预售作为一种新型的交易形式，已普遍被房地产开发经营企业所采用，它对于加快房地产融资，搞活房地产市场都有积极作用。但是，商品房预售涉及广大购房者的切身利益，并具有较大风险性和投机性。为规范商品房预售行为，《城市房地产管理法》规定实行商品房预售许可证制度，提出商品房预售的条件：

1）已交付全部土地使用权出让金，取得土地使用证书；

2）持有建设工程规划许可证；

3）按提供预售的商品房计算，投入开发建设的资金达到工程建设总投资的25％以上，并已经确定施工进度和竣工交付日期；

4）向市、县人民政府房地产行政部门办理预售登记，取得商品房预售许可证明。

房地产开发企业申请办理《商品房预售许可证》应当向当地县级以上人民政府房地产行政部门提交有关证件和资料。

房地产开发企业取得《商品房预售许可证》后，即可向社会预售商品房，并与承购人签订商品房预售合同。当事人应当在签约之日起三十日内向当地县级以上人民政府房地产行政部门和土地管理部门办理商品房预售备案手续。俟商品房交付使用后，承购人应及时持有关凭证办理产权登记手续。

2. 房屋交易的程序

由于商品房屋的特殊性，表现为不动产，体积大，使用期限长，不能拿到市场上去交易，只能是产权人的转换，因而必须按照一定的程序和规定进行。

（1）房产买卖双方达成协议时，必须订立具有约束力的合同，共同遵守。

（2）订立合同必须符合国家法律、法令和政策规定，同时还要接受政府监督与管理。

（3）合同签订后，应按有关规定办理所有权转移登记，缴纳契税，领取房产所有权证。以凭管业。严禁非法私下成交。

（二）房地产抵押

房地产抵押是指房地产所有人因借贷或为第三人担保债务的履行，将房地产抵押给债权人，作为保证的一种行为。房地产所有人称为抵押人，债权人称为抵押权人。在抵押过程中，抵押权人不具有房屋的占有、使用、收益和处分的权利，但有限制处分的权利。抵押期满，抵押人应偿还债务，结束抵押关系；如到期抵押人无力偿还债务，抵押权人有处分房地产优先受偿的权利。

房地产抵押，在我国建国后一度销声匿迹。1987年，随着房地产市场的恢复和发展，房地产抵押作为融资的一种方式已经为人们所接受，不但房地产现货可用作抵押，房地产期货也可依法进行抵押。

1. 房地产抵押合同的订立

房地产抵押合同是抵押人与抵押权人为了保证债权债务的履行，明确双方权利义务的协议。房地产抵押是一种标的物很大的房地产交易行为，抵押双方必须签订书面形式的抵押合同。房地产抵押合同一般是债权债务的从合同。

2. 抵押登记

1995年3月建设部、中国人民银行发布的《关于加强与银行贷款业务相关的房地产抵押和评估管理工作的通知》指出："银行办理各项以房地产作为抵押的贷款业务，抵押人和抵押权人必须签订书面抵押合同，并自抵押合同签订之日起30日内，向当地房地产管理部门办理抵押权登记。房地产抵押合同自抵押登记之日起生效"。

3. 房地产抵押的受偿

抵押是一种民事法律关系，抵押人与抵押权人在法律上有平等的法律地位。因此，抵押必须在双方自愿的原则上进行，并应符合《民法通则》有关平等、自愿、等价、有偿的原则规定。抵押合同属于经济合同，依照合同偿还债务是抵押人的义务。债务履行期满抵押权人未受清偿的，可以与抵押人协议以抵押物折款或者拍卖价款受偿；如协议不成，抵押权人可以向人民法院提起诉讼。

抵押物折价或者拍卖，所得价款超过债权款额的部分归抵押人所有，不足部分由债务人清偿。抵押合同签订后，地上新增建的房屋不属于抵押财产，抵押权人无权优先受偿。

抵押权因抵押物灭失而消灭，因消灭所得的赔偿金，应当作为抵押财产。

（三）房产租赁

租赁是商品交换的一种经济关系。是经济生活中广泛存在的现象。它是以标的物的所有权和使用权的分离，所有权不随之转移为特征的。

1. 房产租赁的特征

房屋不是自然物，而是建筑工人生产出来的劳动产品。在商品生产的社会里，房屋主要是为了交换，而不是为满足生产者个人需要。房屋同其他商品一样，具有价值和使用价值两种属性。在交换过程中受到价值规律的支配，体现等价交换的原则，通过交换过程实现其全部价值。

房产租赁这种交换形式，在社会上大量存在，是由于房屋具有价值大，使用期限长，不动产的特点决定的。对于长期的耐用消费品，在交换过程中，以所有权和使用权相分离，而且交换的过程有的要长达几十年、上百年，这种特殊的交换形式，就叫做"房产租赁"。

社会主义城市房产的租赁体现了社会主义条件下商品房屋交换的一种经济关系。这种关系表现为房产所有者（包括房产经营部门或产权人）把房产出租给承租人，但房产产权不变；由于承租人交纳一定数额的房租，由出租人负责修缮房屋，保证使用人居住安全。这样出租人通过租赁，分期收取租金，等于把房屋在时间上拆零出售。

租赁关系的产生和存在，其客观依据是基于人们对某些商品需要的临时性和暂时性，如果对于这种临时和暂时需要的商品都要通过一次性的交易买下来，势必造成物质财富的积压，和资金的浪费，这在经济上是不合理的。另外，对于价值很大的耐用消费品，又是生活必须品的商品，如住宅房屋，对于工资较低的居民来说，用租赁的方式分期交纳租金来取得它的使用权，而不是采取购买的方式一次性的交付房价；对于出租人来说，同样可以取得出售房屋的价格，同时还有相应的利息和额外的利润。故租赁对于双方都是可以接受的和有利的。总之，租赁对于物质资料的充分利用具有十分重要的意义和积极的作用。

2. 房产租赁和房屋买卖的区别

租赁和买卖实质上都是商品交换，但买卖是更为一般的形式，租赁则是比较特殊的形式，也可以说租赁是买卖的变异。二者的主要区别在于：

（1）买卖是商品同货币的一次性置换，即标的物的所有权与其价值的所有权一次性转手；而租赁则是在一定期限内持续性的交换。

（2）买卖是商品和货币的所有权进行对换；而租赁标的物的所有权并不是由出租人转给承租人。承租人只取得租赁物的占有、使用和收益的权利，出租人仍掌握租赁物的所有权。这也就是所谓的所有权与使用权的分离。从房屋租赁来看，出租人的处分权也要受到一定的限制，如承租人享有优先购买权和续租权，致使出租人不能充分行使处分权。

（3）在房产租赁中，这种法律关系本来只是属于出租人和承租人双方之间的事，不对第三人发生效力。可是，近年以来，各国立法普遍强化了承租人的法律地位，使得租赁关系在一定的程度上可以对第三人发生效力。如第三人与出租人订立的以原出租房屋为标的的买卖合同或出租合同均不能发生效力。

以上三个方面就构成了不动产租赁的重要法律特征。

3. 房产租赁关系的建立

承租人与出租人办理房屋与设备的交接，签订房产租赁合同，明确权利义务，租赁关系即为建立。私有房产租赁关系是建立在双方协商一致的基础之上的；国有房产租赁关系是建立在计划分配的基础之上的。但因分配只是一种行政行为，要确立房产租赁的民事法律关系，当事人必须依照法律关系，与房产经营部门签订房产租赁合同，才能受到法律保护。

公、私有房产租赁双方的权利和义务，在具体政策规定上大体相同：

（1）出租人有按期收租的权利，承租人有依约交租的义务。

（2）出租人有维修房屋，保障安全的义务。

（3）承租人有依约使用房屋的权利。在租赁期限内，除非发生违约情况，出租人不得无故收房。

（4）承租人与第三人互换房屋（指使用权），需事先征得出租人的同意。出租人应积极支持，不得借故阻挠。

（5）承租人如需变更用途，拆改房屋或设备，须事先征得出租人同意。否则出租人有要求收回房屋，恢复原状或索赔损失的权利。

总之，租赁双方应本着公平合理的原则协商签订租赁合同。如需要鉴证或保证的，应按程序进行鉴证或保证。合同一经签订，立即生效，房产租赁的法律关系随即发生。合同签订的时间就是租赁开始的时间。

（四）住房互换

住房互换也是房地产流通的形式之一。

我国的房屋互换，出现在50年代中期。由于城镇住宅实行分配制度，难于满足各方面的要求。有的分到新房，但距离工作地点过远；有的增分房屋不能与原住房合在一起使用；也有的愿意和亲属就近居住，便于互相照顾；还有的因邻居不睦要求分开，以缓和矛盾，等等。社会生活多种多样，对房屋的需求因人而异。总之，房屋使用人对现使用的房屋，由于各种原因感到不适合，想改变一下环境或改善一点条件，便在自愿互利的基础上，通过交换，使双方都能住上比现在更适合自己需要的房屋，这就是房屋互换。

住房互换，如同房产买卖、房产租赁一样，也是房地产市场的一个组成部分。住房互换是房管部门为社会服务的一个重要方面，也是房屋使用、分配的必要补充。互换的重点是通用性房屋，主要是住房的互换。

1. 住房互换的作用和意义

住房互换在我国是在1956年出现的新事物。建国以后，国家为职工新建了大批住宅，加上私有出租房屋的社会主义改造，居民住房大多属于公产，为满足人民生活的需要，不仅允许互换住房，而且积极采取措施协助互换。

实践证明，开展房屋互换，好处很多：

（1）有利于解除职工在居住生活方面的困难，调动他们生产工作的积极性。

（2）有利于房屋合理使用。

（3）有利于缓和城市交通拥挤的情况。

（4）有利于调解家庭、邻里之间的矛盾，促进安定团结。

2. **房产互换的程序**

房管部门是房产互换的组织者和领导者，在换房过程中，应发挥桥梁作用，要经常保持换房市场的畅通，建立换房组织，制定合理的换房办法，举办各种换房集会，以保障换房工作的顺利开展，为职工居住生活排忧解难。

（1）换房原则。互换房屋的原则是：自愿互利、合理使用、有利生产、便利生活。自愿互利是互换房屋的基础，有利生产，便利生活是房屋互换的目的。

对于不同产权性质的住房互换，既要支持换房人的合法要求，又要尊重房屋所有人的合法权益。

（2）换房范围。为了扩大换房范围，解决广大群众的居住不便问题，对产权性质不同的房屋也可互换。如房管部门经租的公房，单位自管房屋和私产房屋均可互换。在换房过程中，为保障出租人的权益，承租人必须事先征得产权人的同意，履行一定的手续，执行原承租人应承担的权利和义务。出租人对于换房要积极支持，不应阻挠。换房双方如果都是房屋所有权人，可以连同所有权一并交换。

（3）换房手续。为了证明换房人的身份和住房权利，换房人要提交户口证明，房屋租约（租赁合同）、出租人同意互换的证件和工作单位的证明，向当地房管部门办理互换登记。房产互换的双方或多方，经协商一致，签订换房协议书，经出租人查核有无欠租，冒名顶替，损坏房屋设备及其他违法行为等。然后，房管部门审核批准，通知双方或多方，换房人凭通知与出租人办理新租赁手续后，方可搬迁。

当前，有些城市搞房屋置换（包括房屋使用权转让）试点，有关政策和经验有待进一步总结。

（五）土地使用权的让渡

我国现阶段城市土地市场经营方式主要有两种：一种是土地开发市场，即土地开发劳务市场，这里包括新区土地开发（初次开发），指征用农村用地改造为城市用地。还包括对旧区的改造（再开发）。另一种就是土地使用市场，也叫土地租赁市场。指地方政府代表国家把土地使用权有偿有期地让渡给单位和个人。土地使用单位和土地开发公司也可以按照规定，经过开发将通过出让的土地使用权，经土地主管部机关允许，在土地市场上进行有偿转让。

四、我国房地产市场现状

1. 建国以后，没收了封建地主、买办官僚资产阶级的房地产以及接管了帝国主义在华的房产，成为社会主义的公有房地产，1956 年至 1958 年通过对私有房屋的社会主义改造，为建立社会主义房地产经济奠定了基础。随着国民经济的不断发展和壮大，城市房地产开发建设取得了显著成绩，劳动人民居住情况有了明显改善。但是当时在产品经济思想的指导下，实行福利制、低租金、国家包、无偿分配的办法，排斥市场机制，使房地产市场长期处于萎缩状态。

党的十一届三中全会以后，通过改革开放搞活，逐步建立起社会主义市场经济体制，房地产经济有了很大的发展，房地产市场也在逐步恢复和发展。

2. 当前我国房地产市场还处于培育和过渡阶段，存在着不完善性，主要体现在以下方面：

（1）房地产市场的双轨性。我国房地产市场目前存在着市场性和非市场性并存的局面。如土地使用权出让，一部分采取拍卖、招标或协议方式；也有一部分采取划拨方式。

（2）房地产市场的非规范性。我国房地产市场的市场体系，一方面存在着双轨性，即非完全商品化；另一方面有关房地产金融、劳务、信息市场发育程度较低。同时房地产市场管理薄弱，法制不健全，房地产管理、规划管理、土地管理不衔接、不协调，造成房地产投资效益不高。房地产市场的功能和作用得不到充分发挥。

（3）房地产交易价格的非合理性。主要表现在市场房屋买卖价格过高，房屋租金过低，租售比价不合理，影响了群众购买房屋的积极性。

从以上情况可以看出，国家必须加强对房地产市场的宏观调控，深化改革，进一步培育房地产市场，加强法制建设、规范房地产市场行为，使房地产经济沿着社会主义市场经济的轨道健康发展。

第三节 房地产市场管理

房地产市场管理是保证房地产市场培育和健康发展的重要环节。是指国家房地产行政机关，依据社会主义市场经济有关的方针政策、法律法规，运用科学的方法和行政、经济、法律等手段，对房地产市场流通活动进行计划、组织、指挥、协调控制和监督服务的整个过程。

一、房地产市场管理的特点

（一）房地产权属管理的重要性

由于房地产是不动产，具有位置的固定性，在房地产流通的过程中房地产本身并不发生空间位移，所转移的只是房地产的产权。为保障房地产交易有关各方面的利益，必须加强房地产权属管理，又由于我国实行土地公有制，加以正在进行住房制度改革，使房地产流通方式呈现多样化，房地产权关系更加复杂，所以房地产权属管理显得至关重要。

（二）依法管理的必要性

房地产市场是特殊商品市场，房地产市场管理受特定法律的约束力最强。房地产市场管理必须依照法律、法规，如《城市房地产管理法》、《土地管理法》、《城市规划法》、《城镇国有土地使用权出让转让暂行条例》、《城市私有房屋管理条例》以及有关房地产的地方法规进行。

（三）信息管理的重要性

房地产市场具有"不完全性"，因而信息管理特别重要。所谓房地产市场不完全性，是指房地产买卖双方非专业人员很难有丰富的房地产专业知识，很难以合理的价格进行房地产交易，并使房地产得到最为合理的利用；每一特定位置的土地和房产都具有相当程度的特异性，难以进行横向比较，从而使交易某一方的利益受到损害；房地产位置不可移动。因而使房地产市场具有较强的地域性。房地产商品供求不平衡时，不能通过房地产的空间移动使房地产市场达到均衡；合适的房地产的寻找费时费力，产权转移的手续复杂等，要求信息管理必须跟上市场发展的需要，以保证信息畅通，最大限度的克服房地产市场的不完全性，使房地产市场健康发展。因而必须做到：建立健全房地产市场信息机构，包括房地产中介服务机构；管理部门要加强市场透明度，实现信息公开化；加强房地产市场统计，做好房地产市场预测；保证房地产经纪人的合法地位，充分发挥其中介和信息咨询职能作用。

（四）防止投机行为的发生

房地产具有保值增值的特性，土地的有限性、公共投资房地产的特异性、再生产过程的复杂性、流通方式的多样性以及政策法规的不完善性等，都容易造成房地产投机行为的滋生，因此防止房地产投机行为的有害影响，也是房地产市场管理的特点之一。

二、房地产市场管理的方针、原则

（一）房地产市场管理的方针是，宏观管住，微观放活，管而不死，活而不乱

当前，我国一些城市房地产市场初步开放，逐步搞活，出现了新形势。但是，也应看到开辟房地产市场工作，政策性强，涉及面广，问题复杂，特别是在新旧交替之时，旧的机制还没有大的突破，市场上的商品房屋少，职工负担能力低，所谓商品房多系单位用公款购买之后再分配给职工居住，不能形成一个生产者、经营者、消费者三方协调，完善商品房屋流通和再生产的全过程的体系。所以也出现了一些问题。如私房交易，自由议价，私自成交，有的甚至不办产权转移登记；对开发公司出售商品房管理不善，任意提价出售；还有一些单位高价抢购私房，致使房价失控；此外，还有一些非法经纪人混进房地产市场，投机倒把，兴风作浪。特别应当指出的是，变相出卖、出租土地的现象依然存在，致使大量的土地增值随着房产交易而被单位或个人拿走，使国家蒙受了很大损失。

（二）房地产市场管理的原则

为了加强房地产市场管理，健全房地产市场管理的各项规章、制度。对市场交易活动进行疏导、协调、监督和服务。鼓励正当的竞争，打击非法活动，房地产市场管理要贯彻以下管理原则：

1. 促进发展原则

房地产市场管理首要任务是保证房地产商品的供应和需求，保证房地产资源的有效开发，要处理好近期和远期、局部和整体的关系。

2. 统一协调原则

房地产市场管理涉及规划、城建、计划、物价、工商、税务、统计、金融、土地等各部门，要争取各部门的支持配合，共同做好管理工作。

3. 统一领导和分级管理原则

房地产市场管理必须坚持统一领导，政策要统一，不能政出多门。同时，从国家到地方各级人民政府要建立相应的房地产市场管理机构，配备管理人员，形成体系，按照管理任务和分工，实施系统管理。

4. 管理与经营相分离的原则

长期以来，我国房地产管理实行政企不分的体制，存在很多弊端。为了适应社会主义市场经济体制的要求，必须实行政企分开。市场管理属于政府部门的行政职能，不能与房地产经营活动混在一起。

三、房地产市场管理的任务

房地产市场管理包括政策管理、合同管理、价格管理、信息管理、税收管理以及经营单位的资质管理等内容。因为市场管理是涉及国民经济和人民居住生活等各个领域的全国统一的市场，因而房地产管理部门要会同各经济部门、工商行政部门、物价部门、税务部门、金融部门等，密切配合，协同做好市场管理工作。

房地产市场管理的任务须根据房地产市场管理的目标来制定。

（一）房地产市场管理的目标

一是保证房地产市场机制运行的效率，通过效率的提高，达到较快地提高人民生活水平的目的；二是社会公平的实现，防止市场机制可能带来的人民生活水平的过度分化。二者相辅相成，不可偏废。鉴于我国社会主义市场经济体制确立不久，房地产市场亦处于发展的初级阶段，在一段时期内，我国房地产市场管理的目标主要是效率目标。所谓效率目标，即通过房地产市场管理，构造、培育真正的房地产市场主体，建立健全房地产市场的各项制度，为房地产市场机制提供良好的内外部环境，使其健康、高效和谐有序、平衡地运行。

1. 保证房地产市场流通的正常秩序

加强房地产市场的管理是为了保证正当交易，维护商品流通的正常秩序，维护消费者的切身利益，也是搞活经济，发展生产，满足人民生活需要的重要保证。

社会主义生产的最终目的是满足广大人民群众的生活需要。广大人民群众所需要的住房，应当通过商品流通领域才能获得。通过房地产经济体制改革，房产交易将是人们取得住宅的重要渠道。所以房地产市场必将成为保证人民群众在居住生活方面的重要场所。随着我国经济的发展，广大人民的购买力不断提高，消费者的需求也在不断变化，房地产市场一定要为广大消费者提供日益增多的舒适耐用的房屋，因而，搞好房地产市场的管理显得越来越为重要。

2. 实现经济建设的顺利发展

市场管理是实现国民经济计划，实现国家经济建设顺利发展的保证。我国现在实行的是社会主义市场经济，是按照经济规律自觉地运用价值法则，而不是单纯地依靠市场调节的市场经济。因而对房地产市场在宏观上要管住、管好；在微观上要放开、搞活，保证重大比例关系适当，保证市场计划的完成，保证商品流通计划的完成，保证产、供、销平衡，促进国民经济大体按比例协调发展。

3. 维护交易各方的合法权益

加强市场管理是巩固和发展社会主义生产力，是维护交易各方合法权益的需要。

市场管理是从流通领域保证社会主义的巩固发展。商品流通是一切经济活动的集中表现，许多破坏和危害社会主义的行为和活动，也往往从流通领域中反映出来，特别是房地产市场在资本主义社会一直是冒险家和投机商的乐园。建国以来，我国取缔了投机牟取暴利的中间人，打击"黄牛""捎客"的违法活动。在当前开放市场，搞活经济的新形势下，加强市场管理，对于维护党的方针政策，保护商品房屋的合法经营，打击违法破坏活动，保障社会主义经济发展，有着重要的作用。

（二）为达到这一目标，要做到以下几点

1. 实现政企分开

为了构造和培育真正的房地产市场主体，最首要的就是要割断房地产经营企业与政府机关之间的脐带关系，政府对房地产市场进行宏观调控，对房地产企业进行资质管理，让房地产经营企业成为自主经营、自负盈亏、独立核算的法人经济实体，使房地产企业具有规范的市场行为。同时使政府行为规范化，形成良好的房地产市场运行机制和机体内外环境。

2. 建立健全各项地产市场制度，如土地使用制度、收益分配制度、税收制度、流通制度、价格申报制度、价格评估制度等，使房地产市场机制有一个有效运行的"机体外部环境"，使房地产市场主体之间处于平等竞争的市场环境。

3. 使房地产市场机制合谐，平衡地运行。协调内外系统关系不仅需要协调好房地产市场经济与整个国民经济之间的同步发展关系，而且还要协调好房地产市场内部各个子市场之间的比例关系，使房地产市场发挥整体功能作用。

（三）房地产市场管理的任务

按照房地产市场管理的目标，当前以及今后一定时期房地产市场管理的具体任务是：

1. 建立健全我国房地产市场管理机构，加强房地产市场宏观调控

当前，房地产市场日趋活跃，房地产开发、房地产交易、租赁、抵押、典当、土地转让等市场行为日趋频繁，客观上迫切需要将这些市场活动纳入市场管理。因此，在我国大、中、小城市应在普遍设立房地产管理局的基础上，目前尚没有设立的应及时设立，在条件允许的情况下，县镇也应设立房地产管理局。已设立了的城镇应明确房地产市场管理职能，房地产管理局应将该职能切实承担起来，有条件的还可在局内设立市场管理处，作为房地产市场日常管理的职能部门。

2. 建立房地产交易所

1988 年 8 月建设部、国家物价局、国家工商行政管理局联合发布了《关于加强房地产交易市场的通知》，要求尽快恢复和建立房地产管理专门机构——房地产交易所，并规定如下：

各城市应当建立房地产交易所，配备专业管理人员，开展各项工作：

（1）为房地产交易提供洽谈协议、交流信息、展示行情等各种服务。

（2）国家实行房地产价格评估制度。开展房地产价值、价格评估。

（3）提供房地产有关法律、政策咨询，接受有关房地产交易和经营管理的委托代理业务。

（4）对房地产经营交易进行指导和监督，国家实行房地产成交价格申报制度，调控市场价格，查处违法行为。

（5）房地产转让、抵押，当事人应到房地产交易所办理房地产交易登记、鉴证、权属转移手续。

3. 对经营单位的管理

县级以上房地产行政主管机关，按照国家有关规定和审批权限，对管辖区内从事房地产经营的单位进行资质审查，并经工商行政管理机关核发营业执照，方可营业。对无照经营活动严予取缔。对交易和经营活动中从事非法活动的单位和个人，由房地产行政机关、工商行政管理机关和物价部门分别依法查处，情节严重的交由司法部门处理。

4. 加强房地产交易活动的管理

房地产交易活动应通过房地产交易所进行。进行房地产交易的单位和个人必须持有关证件到当地房地产管理机关办理登记、鉴证、评估、过户等手续，按规定交纳税费，并受工商行政管理机关的监督管理。有关房地产交易市场管理部门，可在交易所内设立集中的办事机构，以方便交易和加强管理。

有限产权的房屋不得进入市场交易。单位和个人租用的房地产不得私自出租转让。承租人如利用承租的房地产进行合资、合作或提供第三方面使用，应事先征得出租人同意，重新签订租赁合同。

5. 合理确定交易价格

房地产权利人转让房地产，应当向县级以上人民政府房地产规定的部门如实申报成交价，不得瞒报或作不实的申报。房管部门要进行现场查勘，评估，核实成交价，作为纳税依据。

物价部门、房地产行政机关要区别情况，合理确定房地产交易价格，逐步使价格构成规范化、合理化。对房地产交易价格由交易双方协商议定。但必须按政府评估的价格交纳税费。必要时，地方人民政府可规定最高限价。成交价格超过评估价部分，地方政府可制定具体收费办法进行调节。

地方政府要在调查研究、测算、论证的基础上，合理划分土地等级、确定地价，规定住宅区内各类成套项目的标准和规模，逐步把摊入不合理的费用剔除。

6. 密切配合，协调好房地产交易市场管理

为了加强房地产市场的管理，可实行由房地产行政主管部门牵头，物价、工商行政管理等部门参加，组成房地产交易市场管理委员会，从行政上、法律上、经济上等方面对房地产市场进行调控和管理。

7. 进一步制定和完善房地产市场管理法规

在已有的国家级有关房地产法律法规基础上，在符合国家法律法规精神的条件下，各地房地产管理部门应会同其他管理部门尽快制定针对房地产市场的系列管理实施办法，如房地产交易管理办法、房地产抵押管理办法、房地产经纪人管理办法、商品房管理办法、房地产评估管理办法等等。在成熟时报市人民代表大会常务委员会审批，上升为地方性法规。使房地产市场管理形成一个法律、法规、办法齐全、完善的体系，作到房地产市场管理有法可依、有章可循。

8. 规范房地产价格形成机制，逐步理顺房地产市场价格体系

我国目前实行的是多元价格体系。地方城市也都较为普遍地制订了各类房屋的售价、租价标准，并规定了一定的浮动价格和限价。房地产市场价格管理总的原则应当是，逐步完善房地产市场价格形成机制，使房地产价格逐步形成合理的价格体系，将严重违背价值规律的现象逐步消除，使房地产经济步入良性循环轨道。

9. 严厉查处房地产市场中的各种违法违章行为

主要针对目前房地产市场中存在的非法交易；隐价瞒价，偷漏税费；倒买倒卖，非法牟利；投机倒把；私自出租、转租、转让公房等违法违章行为进行打击，保证房地产市场的正常秩序。

10. 建立和完善房地产买卖、租赁、信托、典当、拍卖等经营活动合理的固定场所，改

变过去有市无场的状况。提供多功能、全方位的服务，为加强房地产市场管理创造必要的条件。

同时，对于房地产市场培育和发展过程中，房地产经济体制改革过程中出现的矛盾和问题，要及时解决，防止出现房地产市场管理上的空白。

第四节　房地产市场管理的内容

房地产市场管理的内容很多，下面仅就主要的问题做一介绍。

一、房地产市场流通秩序管理

（一）房地产交易秩序管理

房地产交易秩序管理的任务是保护正当合法的房地产交易活动，保护交易双方的合法权益，打击房地产交易中的投机，居间牟利等非法行为，建立管而不死、活而不乱的房地产交易秩序，促进房地产市场的健康发展。

1. 明晰房地产权，确立市场主体，加强房地产交易市场房屋准入管理

由于房屋的特殊性，在进入交易市场时，需符合一定的条件。

（1）房屋产权归属必须清楚，并有合法的产权证件。如对房地产开发公司的商品房实行商品房销售许可证制度。开发公司需具备土地使用证、商品房开发计划、建筑工程计划许可证等条件下方可出售商品房。

（2）房屋经过改建、扩建，产权人应在房地产行政主管部门办妥变更登记手续后，方能投入市场进行交易。

（3）对出租的房屋如要出售时，必须提前三个月通知承租人，并在同等条件下，承租人有优先购买权。

（4）共有房屋的出售，出售人需提交共有人同意或委托出售的证明方能进行。在同等条件下，共有人享有优先购买权。

（5）对于享受补贴和以优惠价购买、建造的房屋，在不满原规定期限时出售，只能按原价或交易评估价出售给原补贴单位或房地产主管部门。

（6）对于继承、赠与、分家析产所得的房屋，必须有公证机关或人民法院的法律文书，方能投入交易市场。

具有以下情况的房屋，不得投入市场交易：

（1）产权未经确认或产权纠纷未予处理以及他项权利不清的房屋。

（2）产权人出售房屋后，没有合理的居住去向。

（3）未经有关主管部门批准，擅自兴建、扩建的违章房屋。

（4）依法限制产权转移的房屋。

（5）依法公告拆迁的房屋。

2. 房地产交易市场购买主体准入管理

房地产交易市场购买主体进入房地产交易市场应受到一定的限制。

（1）个人购买城市房屋，一般情况下规定购买者必须是房屋所在城市的常住居民，特殊情况下应报经房屋所在地房地产管理机关批准。但是在某些城市就不存在这种限制，例

如福州市农村居民不但可以购买城市房屋，而且还可以解决购买人的城市户口问题。

（2）个人（单位）购买房屋，一般坚持以自住自用为目的，以便防止倒买倒卖现象的发生。确因正当理由需要出售所购房屋，则必须严格按照房屋交易管理的各项规定办理。

（3）对单位购买私房进行必要的限制。机关团体、部队、企事业单位不得购买或变相购买私有房屋；因特殊需要必须购买的，需报县以上人民政府批准。

3. 房产交易立契鉴证程序管理

关于房地产市场中房产交易程序管理问题，1988年8月8日建设部、国家物价局、国家工商行政管理局（88）建房字第170号文件《关于加强房地产交易市场管理的通知》中明确指出：进行房地产交易的单位和个人，必须持有关证件到当地房地产管理机关办理登记、鉴证、评估、立契过户手续。这是维护房地产交易市场正常秩序的一个重要环节。

（二）房屋租赁市场秩序管理

房屋租赁市场秩序管理的主要内容有：房屋出租条件限定；租赁关系管理、租赁程序管理等。

1. 房屋出租条件限定

在实际工作中，由于房屋租赁中的情况比较复杂，纠纷也比较多，因此，必须对房屋出租条件有所限定，以保证正常的房屋租赁秩序。

（1）单位自有房屋和私房业主出租的房屋必须是自住、自用有余的房屋，私房业主不得一方面出租私有房屋，另一方面又租用国家大量补贴的廉价公房。

（2）产权和使用权不清楚或产权和使用权纠纷尚未得到处理的房屋不得用于出租。

（3）为保护承租人的利益和维护城市规划建设管理规定，危险房屋和违章建筑不得用于出租。

（4）数人共有房屋出租，必须经其他共有人同意。

（5）受人委托管理的房屋出租，必须持有房屋产权人的委托证书。

（6）出租的房屋如改变使用性质，应经当地房地产主管部门批准。

2. 房屋租赁关系管理

房屋租赁关系管理对房地产行政主管部门来说主要包括：以法律政策形式，规范公、私房屋租赁中出租方与承租方，双方当事人之间的权利义务内容，并对租赁双方当事人的合法权益加以保护，对租赁双方履行租赁合同过程中不遵守国家管理规定的行为进行经济、行政、法律制裁。

关于租赁双方当事人之间的权利与义务关系，在实践中我国已有比较固定的内容。在许多城市中还以法规的形式固定下来。当然这些权利义务内容是以《民法通则》和《经济合同法》有关规定为基础的。

（1）申请。租赁房屋由租赁双方签订房屋租赁合同，并签名盖章。租赁双方持租赁合同和有关证件、证明，到房屋所在地的房地产行政管理部门申请办理租赁合同审核手续。

（2）受理。房屋租赁双方申请办理房屋租赁审核手续，一般由房屋所在地的房地产行政管理部门负责受理。

（3）查验。租赁审核的经办人员在填写《房屋租约审核登记表》之前，要认真查验租赁双方签订的租约，出租房屋的产权证件，租赁双方的身份证件和其他有关证件，并到现场查勘房屋的质量和安全情况。

（4）审批。在查验合格后，由经办人员填写《房屋租约审核登记表》并签名盖章之后，送部门负责人或指定的专人复核、审批。

（5）缴纳手续费。

（6）归档。对经过审核批准盖章的《租赁审核登记表》，租约及其他有关附件各一份按户归档存查。

（三）房屋互换的秩序管理

房屋互换是房屋所有人之间或房屋承租人之间根据各自的需要，将其所有的房屋或承租的房屋直接或间接地互相调换的活动。

加强房屋互换秩序的管理主要有以下几方面的工作：

1. 单位、个人换房，须办理换房手续。直管公房之间的互换手续，由房屋所在地的房屋经营单位或换房站负责办理；自管公房之间的换房手续由各自管房单位分别办理。也可委托房屋所在地的换房所（站）代为办理。直管公房与自管公房的互换手续，由直管公房所属的经营部门和自管房单位分别审查并签署意见之后，在房屋所在地的换房所（站）办理，私房业主与公房住户之间的房屋调换，双方须先到房地产交易管理部门办理房屋产权交易过户手续，而后再办理使用权过户手续。

2. 办理房屋互换手续时，互换双方需提供申请报告，租约，原房管部门（自管房单位）审查证明，户口和房屋使用者所在单位的证明等证件。

3. 单位，个人申请调换房屋，房屋所有权单位在签署意见时，须认真审查。

（四）房地产抵押管理

房地产抵押系指房地产产权人（以下简称抵押人）以其房地产设定抵押权作为按期偿还债务的担保，将房地产抵押给债权人（以下简称为抵押权人），在抵押人不能按期偿还债务时，抵押权人有权依法请求管理机关处分抵押物，优先受偿的经济担保活动。

1. 抵押制度的核心是抵押权。抵押权又称契约质权，即债权人对于债务人或第三人提供的担保物享有物权，但并不移转该担保物的占有。只有在债务人给付迟延时，债权人才能以通过法定程序变卖抵押物，以变卖抵押物所获价金抵偿债务人所欠债务。

严格地说抵押权和质权也有区别。质权的特点是转移担保物的占有，即出质人在出质期间必须将质权的标的物交由质权人占管。

同时，一般地说，两权有一定的使用对象，质权常见于动产担保，抵押权常见于不动产担保。

2. 依我国的土地制度，城市土地一律属国家所有，土地使用者（包括法人和自然人）只有土地使用权而无所有权。因此，就城市房地产抵押而论，其所谓"地"其实为一定时期的土地使用权。牵涉到土地的抵押权是在土地使用权上设定的，是一种权利抵押。

3. 抵押权的实现

由于各种原因抵押人未能如期偿还债务，致使抵押权人变卖抵押物，以变卖所得价款的全部或一部分抵偿欠债的过程，谓之抵押权的实现。

处分抵押房地产所得价款的分配顺序。从已出台的地方有关法规来看，处分抵押物所得价款的分配基本上按下列顺序进行：（1）支付处分该抵押房地产所发生的费用；（2）支付与该抵押房地产有关的应纳法定税费；（3）按抵押登记顺序依次偿还抵押人所欠抵押权人的本息及违约金；（4）余额退还给抵押人。

该分配次序表明，抵押权人优先受偿权不得优先于拍卖机构因拍卖产生的费用的补偿权，也不得优先于国家应取税费的权利。

（五）城市土地使用权的出让、转让管理

在城市土地所有权人与城市土地使用人统一时，城市土地使用权是指城市土地的所有权人在法律规范约束下，根据土地使用权的性质、用途和功能进行利用，以满足自身需要的权利，当城市土地所有权人和使用人不相统一时，即城市土地所有权与使用权相分离时，城市土地使用权是指使用人依据法律规范和契约规定使用特定土地谋取收益或效用的权利。

我国城市土地最基本的制度是城市土地国家所有，任何城市土地使用人都只有土地使用权而没有所有权。

1．城市土地使用权出让的概念

城市土地使用权出让，亦称城市土地一级市场，是指国家通过其城市土地所有权的代表，以一定的形式，将若干年期的城市国有土地使用权出让给一定的土地使用权受让人并获取相应的土地出让金的经济行为。

土地使用权出让的方式：

（1）协议出让。协议出让方式是指城镇国有土地所有权代表作为出让方与有意土地使用权受让方协商土地使用权出让金、用地条件、权利和义务等，达成协议，签订土地使用权出让合同，有偿有期出让土地使用权的一种方式。

（2）招标出让。招标出让方式是指在土地使用权出让方指定的期限内，由符合指定条件的法人或自然人根据出让方提出的条件，以密封书面形式，竞投某块城镇国有土地的使用权，并由出让方组织的招标小组或评标委员会根据一定的要求进行开标、评标、决标，最后全面综合，择优确定具体土地使用权受让人的土地使用权出让方式。

（3）拍卖出让。土地使用权拍卖出让方式，是指国家通过其城市土地所有权代表在特定时间、特定的公开场合，在土地使用权拍卖主持人的主持下，由主持人叫出底价后，再由合格的有意受让人举牌应价，竞买一定年期的土地使用权，然后按"价高者得"的原则将国有城市土地使用权让渡给使用者的经济行为。

2．城市土地使用权转让的概念

土地使用权转让是城市土地市场的第二个环节，是指土地使用权人将自己拥有的，已经经过开发的城市土地使用权转移给其他欲拥有该块土地使用权的土地使用者的行为，是城市土地使用权在城市土地使用者之间的横向流动。他们之间所发生的，是平等民事主体之间发生的民事法律关系。其关系的产生和调整适用于我国民法的一般原则和调整方法。

按照国务院1990年55号令的规定，城市土地使用权转让包括交换，赠与和继承。

交换转让形式在1990年55号令中没有做出规定。转让方可依照自己的意愿在协议、招标、拍卖三种形式中选择一种。

3．城市土地市场的秩序管理

这里所称城市土地市场的秩序管理，即指城市土地使用权出让，转让市场的秩序管理。

（1）城市土地使用权出让转让的范围。按照国务院1990年55号令和许多地方法规的规定，允许实行土地使用权出让的土地范围为国家所有的城镇土地。

与此同时，允许土地使用权转让的土地范围也只能包含在允许土地使用权出让的城镇国有土地的范围内。

（2）城市土地使用权受让人的范围。按照 1990 年国务院 55 号令的规定，中华人民共和国境内外的公司、企业、其他组织和个人均可按照 55 号令的规定取得土地使用权，进行土地开发，利用和经营。一些地方法规中进一步稍加限制，规定外国和地区受让人的范围限定在与中华人民共和国建立有外交关系或在中华人民共和国境内设立了商务代表处的国家和地区的公司、企业、其他经济组织和个人的范围之内。

实践当中，具体地块的使用权受让人的范围还因土地使用性质、用途、资信，以及资金能力等因素而有所限制。

（3）城市土地使用年期限制。城镇国有土地使用权不属于永租权，而是有一定年期的。国务院 55 号令规定的各类用地使用权出让的最高使用年期为：①居住用地 70 年；②工业用地 50 年；③教育、科技、文化、卫生、体育用地 50 年；④商业、旅游、娱乐用地 40 年；⑤综合或者其他用地 50 年。

土地使用权转让的有效年期为：出让时所确定的土地使用权年期减去土地使用者已使用的年期。

二、房地产市场价格管理

房地产市场价格管理，是指国家按照经济规律的客观要求，制定房地产市场流通价格方针、政策和法规，对房地产价格进行制订、指导、调整和监督的一种职能。

房地产市场价格管理对于自觉运用价格杠杆，正确发挥价格杠杆作用，体现按比例发展规律和按劳分配原则的要求，促进企业之间的平等竞争，稳定房地产市场，稳定房地产价格有重要的意义。

（一）房地产交易价格管理

1. 根据房地产交易市场构成三要素的不同，制定灵活的房地产价格管理政策

国家实行房地产成交价格申报制度。

房地产交易应坚持等价交换，按质论价的原则。房地产转让，应当向县级以上地方人民政府规定的部门如实申报成交价，不得瞒报或作不实的申报。

国家实行房地产价格评估制度。房地产价格评估，应当遵循公正、公平、公开的原则按照国家规定的技术标准和评估程序，以基准地价、标定地价和各类房屋的重置价格为基础，参照当地的市场价格进行评估。按照房屋结构等级、新旧程度、面积、位置等因素，估算合理的成交价格。

对于一般居民住宅价格管理，在目前的情况下主要采取国家定价和实行指导价的办法。一是政府对社会上的特困户，低收入者，残疾人和受灾户采取补贴出售或提供廉价商品房的办法以解决这部分人的居住困难问题；二是鉴于国家职工，干部工资低，支付能力差的客观情况，根据国家、单位和个人三者共同负担原则，采取准成本价、成本价、标准价或是提供微利房，福利房的形式，解决这部分人的居住问题。

对于房地产开发公司出售的商品房价格，既可以采用房地产开发公司自行定价的政策，也可以采取国家制订标准价格、最高限价和最低限价的办法，关键要看开发公司生产的商品房价格与其价值的背离程度。目前，一些地方城市鉴于商品房价格过分背离价值（商品房价格过高）的情况而采取了限价措施。

补贴出售政策以及限价措施都会对供求产生一定的负面影响，故应慎重采用。

2. 制订系列房地产价格标准，建立合理的价格体系

社会主义市场经济体制下，市场机制起到资源配置的基础性作用，市场价格机制作为市场机制最基本的内容，将在资源配置中起最关键的作用。因此，国家将尽量减少对价格的控制，在一定的条件下，让市场价格机制比较自由的发挥作用。

但是，在房地产经济中，让房地产市场价格机制充分发挥其资源配置作用，并不意味着国家对房地产价格毫无控制。如《城市房地产管理法》规定："基准地价、标定地价和各类房屋的重置价格应当定期制定并公布。"为保证一定的社会公平，为弥补市场机制之不足，国家对房地产市场价格进行某些局部的，有限的干预是完全必要的。就目前以及今后一定时期来说，国家将根据房地产类型、投资者类型、房地产销售对象而采取不同的价格干预政策。对于非住宅房地产，以及别墅、公寓等非普通住宅，可以实行完全的市场价格。对于普通住宅，由于投资者不同，消费者特定群体不一样，承受能力不同，且住宅又为生活必需品，则有必要实行不同的价格体系。一般来说，由政府直接投资，或由开发公司投资，或由社会上企业事业单位投资且无特定销售对象的普通住宅，可实行市场价格，充其量实行最高或最低限价政策，但最高限价应以能够实现投资回收并有一定盈利为准则。由政府直接投资，或由社会上企事业单位投资，销售对象为特定的低收入者或内部低收入职工的普通住宅，则可根据支付能力之差别实行不同的价格标准，从而形成一定的价格体系。目前，普通住宅中至少存在着准成本价、成本价、标准价、商品价等数种价格。《国务院关于发展房地产业若干问题的通知》中指出，城镇住宅建设用地价格，随着住宅商品化的推进，按照涉外商品房、商品房、微利房、福利房的性质实行不同价格。

（二）房地产租赁价格管理

房地产租赁价格，主要是指房屋的租赁价格，其标准的确定原则一是价值规律；二是经济承受能力；三是按质论价；四是以租促售，租售并举。

1. 房屋租赁价格的构成

依据房屋租金标准的确定原则，房屋租赁中存在不同的租赁价格，其租赁价格构成的因素也就有所不同。

房屋理论租赁价格由折旧费、维修费、管理费、保险费、税金、利息、地租加利润八项因素构成。

依上述租赁价格构成因素不同，我国房屋租赁市场中主要实行以下三种房屋租赁价格：

补贴租赁价格。国家和单位鉴于职工收入较低，长期以来在直管房屋和自管产房屋租赁中只收取由维修费和管理费两项因素构成的房屋租金，其余不足部分由国家或单位给予补贴。

成本租赁价格。由维修费、管理费和折旧费的三项因素构成。成本租赁价格可保证房屋日常修缮，并可进行翻修、大修等简单再生产，初步达到"以租养房"的目标。

商品租赁价格。由维修费、管理费、折旧费、租金、保险费、利息、地租、利润八项因素构成。若国家不征收税金，则由其余七项因素构成的租金亦称为商品租赁价格。商品租赁价格不仅使房屋租赁能逐渐回收房屋建设资金，而且能实现利润，实现房屋的简单再生产和扩大再生产。

直管公产房屋和单位自管产房屋租赁价格应在住房制度改革过程中逐步实现商品租赁价格。

2. 房屋租赁价格的管理

对公有住宅是房地产管理部门向个人出租的公产住宅和自管房产单位向本单位职工出租的住宅。其租赁价格的管理采取国家定价的办法，一般按房屋所在地人民政府规定的公有住宅租赁价格标准执行。目前各城市正在通过住房制度改革，以提高租金及其他配套措施，改变过去的福利租金制，使公有住宅租赁纳入商品经济的轨道。

对私产住宅租赁价格的管理采取灵活的管理办法。一般地应允许私房业主与承租人协商租金标准，以促进私有住宅进入租赁市场扩大住宅供给。但是私有住房租赁中，私房业主随意改变住房使用性质，漫天要价的现象是很多的，对此房地产管理部门应实行租赁许可证制度，并对租金进行一定程度的监督。

对非住宅用房租赁价格的管理。

公有非住宅用房包括行政办公用房和工商企事业用房。行政办公用房租赁价格要严格按照城市政府所规定的租金标准执行，不得随意提高，如需调整则应根据城市财政状况由城市政府统一调整。国有工商企事业用房应根据工商企事业单位总体状况在非住宅房屋制度改革进程中适时调整，逐步实现商品租赁价格。

自管房单位和私房业主出租用作工商企事业用房的租赁价格应适度放开，以国有工商企事业用房的租金标准为基础，允许适当浮动。同时对自管房单位和私房业主非住宅租赁价格远高于商品租金的问题通过一定的经济办法加以调整。

（三）土地使用权价格管理

1. 土地使用权出让价格管理

（1）掌握土地估价理论，在土地使用权出让过程中，结合实际正确运用土地估价方法，为土地使用权出让价格制订提供最有说服力的依据。

（2）应根据土地需求者的不同和土地市场供求情况的不同，采取不同的出让方式。协议出让土地使用权既可以按市场价完成，也可以不按市场价格完成，但不得低于国家规定的最低价。

土地使用权招标出让方式，适用于对城市中一些大型公建工程，工业建筑工程和成片开发的商品住宅小区建设用地的有偿出让。

土地使用权拍卖出让方式适用于对城市的商业、金融业、旅游业的用地。

2. 土地使用权转让价格的管理

土地使用权转让是提高土地利用效率的一种途径。不以获取土地增值为目的的正常转让可以保证将土地转到更能充分利用土地的使用人手里，使土地获得更佳利用。

在实践中应注意抓好以下几个方面的工作：

（1）用地单位和个人有偿转让城市行政划拨用地使用权时，应签订土地使用权出让合同，向当地市县人民政府补交土地使用权出让金，保证国家土地所有权在经济上的实现，消除土地使用者通过转让行政划拨用地牟取不正当收益的可能，保证土地市场的正常秩序。

（2）征收土地增值税，使土地增值社会化。土地因土地的稀缺性、社会公共投资的增加、用途转换、国家的经济政策而增值，也因土地使用者在所利用的土地上增加土地投资而增值。在进行土地使用权转让管理中，应保证将前种增值社会化，消除以获取这种增值为动机的转让，打击土地投机行为。

（3）为打击土地使用权转让中的投机行为。除收取土地增值税之外，还应制订转让条件。一般地土地使用者对土地的资金投入未达到一定标准时，不能允许转让。

（4）土地使用权转让价格明显低于市价时，市、县人民政府有优先购买权。

（5）通过各种方法，使土地使用权转让价格保持一定的稳定性。土地使用权转让价格暴起暴跌不利于经济的持续稳定发展。

三、房地产市场合同管理

对房地产市场合同的管理，主要包括对合同的审核、鉴证以及对合同执行的监督。

对合同审核、鉴证是为了要了解当事人是否具备法人资格，所签订的合同是否符合国家有关政策法令的要求，合同双方是否遵循平等互利、协商一致和等价有偿的原则，合同的内容是否明确清晰和切实可行，当事人双方是否有履行合同的条件和保障等。

对合同执行的监督，是为了要监督订立合同双方要严格覆行合同规定的权利义务，对违反合同所造成的损失，其责任由违约者承担，对于利用签订合同搞非法活动的进行严肃处理，追究其经济责任和法律责任，对于因履行合同发生纠纷的进行协商、调解或仲裁。

（一）合同的概念

合同又称契约，是双方或多方当事人为了实现各自的目的，按照法律规范的要求，共同确定各自的权利义务而订立的协议。

房地产合同包括一般民事合同和经济合同两种。按照民法理论，在公民之间签订的房地产合同为民事合同，由《民法通则》调整。根据《经济合同法》规定，在法人之间（或者至少一方是法人）为实现一定的经济目的，签订的伴有经济赢利的生产和分配等关系，明确互相权利义务的协议为经济合同。经济合同的特点，其客体或标的，多数表现为生产资料或者是在国民经济生产过程中发生的流通关系。权利和义务关系大部分是在国家计划指导下或依据指令性计划签订的，并受国家机关的监督和管理。

我国《经济合同法》规定"经济合同依法成立，即具有法律约束力，当事人必须全面履行合同规定，任何一方不得擅自变更或解除。

《房地产管理法》规定：房地产交易合同包括房地产转让合同、房地产抵押合同、房屋租赁合同和土地使用权出让合同等。下面把主要的几种合同分述如下：

（二）房地产买卖合同

1. 房地产买卖合同，是指公民之间，公民与法人之间或法人与法人之间，就房地产买卖事项、确立、变更、终止相互权利义务关系的协议。其主要内容如下：

（1）标的。合同的标的是订立合同当事人双方权利义务共同指向的对象。房地产买卖合同的标的是房屋及其附带的土地使用权。合同标的物是指能够被人们独立支配，客观存在的实体。房地产买卖合同中的标的物即指房屋以及对应于土地使用权的仅限被人们在一定时期内使用的土地。

（2）数量和质量。房地产买卖合同的标的或标的物要用数量和质量两种衡量指标表示出来。数量包括面积、四至和间数等。质量即指房屋结构、朝向、新旧程度等。此外，由于不动产位置固定性的特点，还需写明房屋的坐落等基本情况。

（3）价款以及定金。价款是取得标的物的一方向对方支付的代价，即向对方支付的货币。定金是为表明购买诚意而预先向卖方支付的一部分价款。

（4）履行合同的期限，房地产买卖合同中是指房地产买方向对方支付价款的具体日期和房地产卖方向买方交付房地产的具体日期。

（5）履行方式。房地产买卖合同中主要是指结算方式和房屋转移方式，如一次性付款或分期付款等。如买方一次性付款，则房屋卖方一般应在见款后同时将房屋（所有权）移交给对方，如为买方向卖方分期付款，则买方付出首批价款后卖方先将房屋交买方使用，待收到全部价款后，再将所有权交给买方。

（6）违约责任。为防止买卖双方中途悔约，一般在合同中都订有惩罚措施。

2. 房地产买卖合同的特点

（1）房屋所有权和土地使用权发生转移，但标的物不发生位置的移动。

（2）等价有偿。

（3）房地产具有特定性，房地产买卖合同订立后，一般不允许以其他房地产替代标的物房地产。

（4）系买卖双方均存在享受权利也承担义务的双务合同。

房屋买卖合同一般的式样如下。

房屋买卖契约

字第　　　　号

立契约人　买方　　　　今双方就房产买卖议定如下：
　　　　　卖方

一、房屋坐落：本市　　区县　　道路街过道　　门牌　　号

二、房屋结构及数量：结构楼平房　　间厦子窖子　　条　　共建筑面积　　（m²）

三、使用土地：建筑占地面积　　（m²）；院落面积　　（m²）

四、房屋相连设备：

五、买卖价款：人民币　　元

六、交款与腾房时间：买卖双方立契后买方交卖方定金　　元，待产权过户且房屋腾空后，买方一次付清给卖方余款　　元。卖方应于　　月　　日前将房全部腾交买方。

七、违约责任：如买方中途不买，卖方不退还定金。如卖方中途不卖，愿将定金加倍退还，作为赔偿损失费。倘买方不能按期交清价款或卖方不能按期交房时，每逾期一日均按购房总价款的千分之　　赔偿对方。

八、立契约后，如发现有产权纠纷等情况，概由卖方负责与买方无关，卖方除将收取的金额退还给买方外并赔偿买方经济损失。

九、成交后应交纳的一切费用按规定各自负责。在开办房地产登记地区一个月内双方共同到房地产管理机关办理产权转移登记手续，领取房屋所有权证。在未开办房地产登记地区，在交易所办理完纳税费手续。

十、其他：

立契约人　买方　　　盖章

卖方　　　盖章

房地产交易所鉴证

公元　　　年　月　日

售 房 合 同

买方

（以下简称 甲 方）
乙

卖方：

兹有甲方向乙方购买房产，经双方同意订立合同条款后，共同遵守。

一、房屋坐落地点：

建筑面积　　　　　　m²，设施：

房屋售价　　　　　　　　　　　　　　　　　　　　　　　元。

120

二、单位购房方向调节税按文件规定办理，本合同不包括在内。

三、合同签订后　　　年　　　月甲方向乙方一次交清购房款　　　　　元，期房分期付款：甲方　　　年　　　月先交乙方房价的10％购房定金　　　元，　　　年　　　月再交70％～80％购房款　　　　元，剩余款　　　元，　　　年　　　月全部付清。

四、乙方于　　　年　　　月按合同地点、层次交房，甲乙方办理房屋交接手续。

五、凡购房者签订购房合同后七天内，必须予交购房定金（指第一次付款）如不按时交纳视为合同作废。

六、甲方购房后，如发现房屋结构和设施有问题，而不是人为损坏应由乙方负责，超过二个月的由甲方负责。

七、为了保证房屋整体结构的安全，甲方不得擅自拆改。

八、凡购买带产权房屋的单位，个人应按房管部门规定进行登记，办理产权过户等手续，并交纳费用。不带产权的房屋由购房单位自行到房管部门办理交房手续。

九、如该幢楼公私产均有，应服从房屋部门统一管理，按规定交纳管理费，大楼修缮各户按住房建筑面积分摊修缮费。

十、凡购买带暖气设备的客户，每年应按规定交纳取暖费，（实际成本加管理费）。

十一、甲乙双方签订合同后，如一方反悔，应按房价的5‰赔偿对方经济损失。

十二、备注：

十三、本合同一式六份，正本甲乙双方各执一份，付本甲方1份乙方3份。

十四、本合同自签订之日生效

甲　方　　　　　乙　方

（章）　　　　　　　（章）

一九　　　年　　　月　　　日

（三）房地产租赁合同

房地产租赁合同属于财产租赁合同，是出租方将自己所有的房地产在一定期间内交给承租方使用，承租方付给一定的租金，并在租赁关系终止时将原租赁房地产返还给出租方的协议。

1. 房地产租赁合同的主要内容

（1）名称、数量和质量。指用于租赁的房地产名称及具体坐落和房屋结构、间数、面积、装饰、附属设施及其完好程度以及使用土地的面积和四至等。

（2）租赁期限。租赁期限是房地产承租方有权占有和使用租赁标的物的期间，从何时租用到何时返还，可以用年、月、日等计算。

（3）租金和交纳期限。

（4）房地产在租赁期间的修理维护责任。

（5）违约责任。

（6）争议的解决方式。

2. 房地产租赁合同的特点

（1）房地产租赁合同是等价有偿合同。

（2）租赁标的物只转移一定时期的使用权而不转移所有权。

（3）房地产租赁合同是双务合同，双方都享有权利，负有义务，而且这一方的权利就是另一方的义务。

（4）房地产租赁合同也是一种要式合同。租赁合同需经过房地产管理部门登记后才能成立。

3. 违反房地产租赁合同的责任

房地产租赁合同是双务合同，任何一方如未全面的履行合同义务都应承担法律责任。

（1）承租方违反房地产租赁合同的责任

1）过期不交租金，经出租人催告仍不缴纳者应承担违约责任。

2）由于使用或维修保养不当，造成租用财产损坏，应负责修复或赔偿。

3）在房地产租赁期间，如果租赁财产发生损坏，承租人应立即通知出租人修理或采取其他必要措施。承租人如不及时通知，使出租人遭受损失，应负责赔偿。

4）擅自拆改租赁的房屋及其附属设备，应负责赔偿由此造成的损失。

5）擅自将租赁的房地产转租而使财产受到损坏的，应负责赔偿由此造成的损失。如擅自转租公有房屋，违反了国家公房管理政策，除没收非法所得外，还要追究责任。

6）逾期不返还租赁财产，除补交租金外，还应偿付违约金。

（2）出租方违反房地产租赁合同的责任

1）未按合同规定的时间提供出租的房地产，承租方有权通过诉讼方式请求出租方履行义务或解除合同，并请求赔偿损失。

2）未按合同规定的质量提供出租的房地产，出租方应按承租方的要求修理或减少租金，并负责赔偿由此造成的损失。

3）租赁的房地产需要修理时，出租方在接到承租方通知后未及时修理，造成承租方的损失，出租方应负赔偿责任。

房屋租赁合同式样如下。

房屋租赁合同

　　　　　　　出租人　　　　　　　　　　　　　　　　　甲
立合同人　　　　　　　　　　　　　　　　　（以下简称　　方）
　　　　　　　承租人　　　　　　　　　　　　　　　　　乙

乙方承租甲方所有房屋。双方，议定下列事项共同遵守：

　　一、乙方对承租房屋享有使用权，未经甲方同意不得改变用途，并保证使用权不作转移。倘有分租、转租、转兑、转借、转让行为，甲方有权解除合同，收回房屋。

　　二、乙方按照议定的租金标准按月交付，每月　　日前交清，不得拖欠。连续欠租六个月以上的，甲方有权解除租赁合同，收回房屋，乙方并应付清欠租。

　　三、甲方对出租的房屋应负责修缮，保障住用安全，做到不危不漏。因甲方怠于修缮发生塌房事故，使乙方遭受损失的，甲方应负赔偿责任。如因不可抗力的原因造成损失的，甲方不负赔偿责任。

　　四、乙方对房屋建筑和装修设备负责保管并爱护使用。如变更用途、拆改房屋、增添或改装设备时，应事先征得甲方同意并应签订协议。发现房屋危险应及时通知甲方。如因乙方责任，造成损失，应由乙方负责修复或赔偿。

　　五、在承租期内，乙方需要与他方互换住房或调房时，应事先征得甲方同意。换房后，原租赁合同即行终止。

　　六、乙方在租赁期内，如对所租赁的房屋不需住用时，应主动退交甲方。如房屋无故闲置六个月以上者，甲方有权终止关系，收回房屋。

　　七、国家因建设或其他原因必须承租人腾迁所租用的房屋时，租赁关系即行终止。

　　八、乙方退房时，应在十天前书面通知甲方，经结算房租，点收房屋及装修设备无误后，解除租赁关系，终止合同。

　　九、本合同有效期限，自签约之日起至　　年　　月　　日止，期满另议。本合同条款如与政府颁布的法律、法规有抵触时，应按政府颁布的法律、法规执行。本合同一式二份，双方各执一份，经房管机关鉴证后生效。

　　双方议定补充条款：

（四）房地产抵押合同

房地产抵押合同是抵押人与抵押权人为了保证债权债务的履行，明确双方权利义务关系的协议，房地产抵押是担保债权债务履行的手段，是随债权债务的存在而存在的一种法律关系。因此，房地产抵押合同一般是债权债务合同的从合同。

1．房地产抵押合同的主要内容

（1）被担保主债权种类、数额及履行期限；

（2）抵押物的名称、坐落、用途、结构、面积、价值，房地产权利状况、房地产权利证书编号；

（3）抵押担保的范围；

（4）抵押物的占管人、占管方式、占管责任、意外损毁或灭失的责任；

（5）违约责任；

（6）抵押物被处分时的受偿人顺序；

（7）争议解决方式。

抵押物须保险的，当事人应在合同中约定，可以由抵押人在保险机构办理保险事宜。

2．抵押权人需在房地产抵押后限制抵押人出租、出借、转让抵押物或者改变抵押物用途的，应当在抵押合同中约定。

（五）土地使用权出让合同

土地使用权出让合同是指国有土地所有者或其代表与土地使用权受让人之间就出让土地使用权与土地使用者在如何行使土地使用权方面确立、变更、终止相互权利义务关系的协议。

1．土地使用权出让合同的主要内容

（1）出让土地的自然状况。包括土地的位置、面积、四至界限、地貌等。

（2）土地使用权出让期限。土地使用权出让的最高年限已由法律确定，具体地块的具体年限只能在法律规定的最高年限内确定。如果属于协议出让，则土地使用权受让方可以与出让方协商使用年限，如果属于招标或者拍卖出让，则土地使用权出让方在招标和拍卖之前就已经确定，无协商余地。

（3）土地使用权条件或使用规则，土地使用权条件或使用规则是土地使用权出让方根据城市总体规划的要求，就具体出让土地而提出的建设规划设计要求，如规划用途、建筑密度、容积率、公益工程、基础设施、建设进度、土地使用权转让等若干方面的要求。

（4）违约责任。出让方若未按合同规定提供土地使用权，则土地使用权受让方可要求解除合同，并请求违约的赔偿。如受让方不履行合同或不适当履行合同，则出让方可没收其定金或处以罚款直至无偿收回土地使用权。

2．土地使用权出让合同的组成

根据各地的土地使用权出让实践来看，土地使用权出让合同至少包括两个文件：《土地使用合同书》和《土地使用规则》。前者的主要条款是立合同人；以位置、面积和界限等所表示的出让地块及其他指标所表示的土地状态；土地使用权价金；支付方式和支付期限；土地使用年期；违约责任等。后者是政府为保证城市规划的顺利实施，顺利履行土地使用合同，明确用地者的责任而制定的各种规定。其主要条款有地价的缴交；土地利用要求；公益工程要求；设计、施工图，施工完工方面的要求；建筑维修活动以及土地使用权转让方面的要求等。

如果为招标出让，则有时也将《土地使用权投标书》作为合同的一部分。

国有土地使用权有偿出让合同书格式如下。

国有土地使用权有偿出让合同书

字（　　　）号

合同双方：

土地使用权出让者：　　　　　　　　　　　　　　　　　　　（甲方）

土地使用权受让人：　　　　　　　　　　　　　　　　　　　（乙方）

双方遵守《中华人民共和国土地管理法》和国家、市关于国有土地使用权有偿出让、转让办法的规定，为明确各自责任，自愿订立本合同：

一、基本情况

1. 土地坐落：

2. 土地编号：

3. 土地面积：

4. 土地用途：

5. 使用年限：

6. 建设期限：

二、土地使用权出让金及缴付方式

7. 乙方同意缴付以下出让金，取得该地块土地使用权。

人民币：

8. 本合同书经双方签字盖章后，乙方必须当场以能立即兑付的现汇银行本票或汇票向甲方缴付出让金的10%（币种）（大写）＿＿＿＿＿＿＿元，作为履行本合同书的定金。乙方不履行合同时，无权要求返回保证金和定金。剩余出让金必须自签订合同书之日起＿＿＿＿＿＿＿内全部付清。

9. 用外汇支付出让金的，以签订本合同书当日＿＿＿＿＿＿＿外汇调节中心公布的调节价为准计算。1 ＿＿＿元＝＿＿＿人民币。

10. 乙方不按本合同确定的时间缴纳土地使用权出让金欠款，从滞纳之日起每日按应缴出让金的5‰缴纳滞纳金。延期付款时间超过一年以上的，甲方有权将土地使用权收回，地上建筑物及附着物无偿收回归　　　　　市人民政府所有。

三、共同条款

11. 乙方缴纳____％出让金后,甲方将在____内向乙方颁发土地使用证,乙方即获得该块土地的使用权。使用年限以颁发土地使用证之日起算。

12. 甲方提供的土地地面应无其他障碍物,能够交付乙方顺利使用。乙方应按照该地块的《土地使用规则》规定的期限破土动工。

13. 本合同书附件《土地使用规则》是本合同的组成部分,具有同等法律效力。双方同意按《土地使用规则》使用土地。

14. 土地使用权发生转让、继承或因抵押发生转移,乙方所有的后继者均取代乙方地位,享受并承担乙方的权利和义务。

15. 本合同书经甲乙双方签字盖章后即生效。

四、法律责任

16. 双方均应自觉遵守中华人民共和国有关法规,认真履行本合同书各项条款。如发生纠纷,当事人双方应及时协商解决;协商不成时,可以协议提请有权调解或仲裁的机关调解或仲裁,也可以单方直接向人民法院起诉。

17. 在合同履行过程中,合同任何一方发生违法行为,将由有关部门依法追究法律责任。

五、其他事项

18. 本合同正本一式两份:甲方一份、乙方一份。本合同副本四份。

19. 本合同签订时间_____

20. 本合同签订地点_____

附件:该地块的《土地使用规则》

甲方:　　　　　　　　　乙方:

　　　　(章)　　　　　　　　　　　(章)

法定地址_____　　法定地址_____
电　　话_____　　电　　话_____
开户银行_____　　开户银行_____
帐　　号_____　　帐　　号_____
代 表 人_____　　代 表 人_____

　　　　　　公证处
公 证 员 　_____
公证日期 　_____

（六）土地使用权转让合同

1. 土地使用权转让合同是指土地使用者将经过出让的土地使用权进行转让，通过出售、交换、赠与等方式与新的土地使用权受让人之间签订的土地使用权让渡的协议。

2. 土地使用权转让合同除原土地使用权出让合同所载明的权利义务外，还包括如下内容：

（1）标的。这里指某地块的土地使用权。作为标的重要内容之一的土地使用年限，为土地使用权出让合同规定的使用年限减去原土地使用者已使用年限后的剩余年限。

（2）转让方式。转让的基本方式为买卖、赠与和交换。买卖方式中又可分为协议、招标、拍卖三个具体方式。具体采用哪种方式需在转让合同中载明。

（3）转让价格。指新的土地使用权受让人一方，向转让人一方支付的价款。在交换和赠与合同中，该条款不是必须具备的条款。

（4）地上建筑物、构筑物、其他附着物的已使用年限、净值和重置价，或已投入的土地开发资金额以及所完成的建设工程。

（5）合同的有效期、履行方式。

（6）违约责任。除原土地使用权出让合同中规定的违约责任外，还应有转让人与新的土地使用权受让人之间就一些新的权利义务内容而制订的违约责任条款。

（7）转让后的土地用途

四、房地产中介服务的管理

市场经济离不开中介，房地产中介服务是房地产市场发展到一定程度而出现的一种特殊行业。

（一）房地产中介服务的含义和特征

1. 房地产中介服务是指在房地产投资建设、流通和消费等各个环节中，为当事人提供居间服务的经营活动。是房地产咨询、房地产价格评估、房地产经纪等活动的总称。

2. 房地产中介服务有两个明显的特征，即委托服务和有偿服务。

委托服务，就是受当事人的委托，提供当事人所要求的特定服务。

有偿服务，决定了房地产中介是一种服务性的经营活动。

（二）房地产中介服务的管理

1996年1月建设部50号令发布《城市房地产中介服务管理规定》明确国务院建设行政主管部门和城市房地产行政主管部门，归口负责全国和辖区内的中介服务工作。并规定了中介服务人员的资格管理和中介服务机构实行资格审批和年检制度。

对中介服务业务管理，包括承办业务管理、财务管理、中介服务行为的管理。对中介服务履行合同情况、按规定取费标准收费情况和中介服务质量和职业道德等情况进行检查监督。

（三）房地产中介服务收费标准

国家计委和建设部1995年联合发文《关于房地产中介服务收费的通知》规定了收费原则和收费标准。

1. 收费原则

中介服务收费是房地产交易市场重要的经营性服务收费。中介机构为单位、公民等提供中介服务，均可以向委托人收取合理费用，不允许以个人名义收费。

中介服务在自愿委托、有偿服务、合理、公开、诚实的原则接受委托，根据国家规定的收费办法和标准协商议定。中介服务费由双方签订合同，实行明码制度，并主动向当事人介绍。

2. 收费标准

分为对房地产咨询、房地产评估、房地产经纪等收费，按项目目的不同、技术难度大小、情况复杂程度，收取不同的费用，在收费标准中作了原则的规定。

五、房地产税收管理

（一）税收

税收，是国家为实现其社会职能，凭借政治权力，参与社会剩余产品分配，即按照法律规定的标准，无偿地取得财政收入的一种主要形式。

1. 税收的特征

税收，由其本质决定具有强制性、无偿性和固定性，其特征主要表现在以下几点：

第一，税收是以国家为主体而进行的集中性分配；

第二，税收是国家为实现其职能，取得财政收入的一种重要方式；

第三，税收是社会再生产过程中的一个分配范畴，体现着特定的分配关系；

第四，国家征税凭借的是其政治权力（非财产权力）是一种强制的、无偿的分配关系。

2. 税收构成的基本要素

税收制度是国家规定的税收法令、条例和征收办法的总称。

税收基本要素由纳税人、课税对象、税率、附加和减免、违章处理等组成。

所谓税率，是税额与课税对象数额之间的比例。

我国现行税率有三种，即：比例税率、累进税率和定额税率。

（二）房地产税

房地产税，是指国家运用政治权力对房地产市场经济活动中一定的单位和个人就一定的对象，按一定的标准无偿集中财政收入的一种手段，也是宏观经济管理的一种手段。

我国现行的房地产税有：房产税、城镇土地使用税、耕地占用税、土地增值税、契税。密切相关的税，有：固定资产投资方向调节税、城市维护建设税、企业所得税、外国投资企业和外国企业所得税、印花税等。

1. 房产税

房产税属财产税（地方税），是以房屋为征税对象，是对拥有房产的单位或者个人征收的一种税。征税范围为城市、建制镇、工矿区，不包括农村。

房产税的纳税义务人为房产所有人。

税率按房屋评估值的 1‰ 至 5‰ 计征；出租房屋按租金收入的 12‰ 计征。

房产税实行按年征收，分期缴纳。

2. 城镇土地使用税

城镇土地使用税是以土地为对象，按照占用土地面积，对使用人征收的一种税。

城镇土地使用税是级差资源税。其目的是调节级差收入，促进合理使用。

征税范围包括城市、建制镇、工矿区，不包括农村。

征税标准:

大城市 1.5~30 元/m² 年

中城市 1.2~24 元/m² 年

小城市 0.9~18 元/m² 年

县

建制镇 0.6~12 元/m² 年

工矿区

城镇土地使用税实行按年计算,分期缴纳。新征用的耕地,自批准之日起,满一年开始计征;非耕地,自批准的次月起计征。

3. 耕地占用税

耕地占用税的纳税义务人为占用耕地建房或从事其他非农业建设的单位和个人。

税率,实行定额税率,一次性征收。

以县为单位,人均耕地 1 亩以下,2~10 元/m²

人均耕地 1~2 亩 1.6~8 元/m²

人均耕地 2~3 亩 1.3~6.5 元/m²

人均耕地 3 亩以上 1~5 元/m²

4. 土地增值税

土地增值税是我国对有偿转让国有土地使用权及地上建筑物和其他附着物产权的单位和个人,就其取得土地增值额所征收的一种税。实质是对土地收益或地租征税。

土地增值税的纳税义务人是有偿转让属于征税范围内的土地使用权及地上建筑物和其他附着物产权的单位或个人。

计税依据是纳税人转让房屋时取得的收入额(货币、实物、其他),扣除项目金额,取得土地使用权支付的价款、土地开发成本费用、建造商品房及配套设施成本费用、销售税金、财政部规定的其他扣除项目)的余额。

税率和应纳税额的计算

土地增值税实行四级超额累进税率:

(1)增值额未超过项目扣除金额 50% 的部分,税率为 30%。

(2)增值额超过扣除项目金额 50%,未超过 100% 的部分,税率为 40%。

(3)增值额超过扣除项目金额 100%,未超过 200% 的部分,税率为 50%。

(4)增值额超过扣除项目金额 200% 以上部分,税率为 60%。

每级"增值额未超过扣除项目金额"的比例均包括本比例数。

为简化计算,应纳税额可按增值额乘以适用税率减去扣除项目金额乘以速算扣除系数的简便方法计算,其速算公式如下:

(1)土地增值额未超过扣除项目金额 50% 的:

应纳税额=土地增值额×30%

(2)土地增值额超过扣除项目金额 50%,未超过 100% 的:

应纳税额=土地增值额×40%-扣除项目金额×5%

(3)土地增值额超过扣除项目金额 100%,未超过 200% 的:

应纳税额=土地增值额×50%-扣除项目金额×15%

（4）土地增值额超过扣除项目金额200％的：

应纳税额＝土地增值额×60％－扣除项目金额×35％

5. 契税

契税是财产流转税的一种。是在产权变动、立契，向新业主征收一次性的税收。

契税的税率：

买卖，征收买价的6％，由承受人缴纳。

典当，按典价的3％征收，由承典人缴纳。

赠与，按房价的6％征收，由受赠人缴纳。

交换，等价交换的不征税，不等价的，差价按6％计征，由受款人缴纳。

6. 营业税

营业税，是对在我国境内，商品流通环节的流转额和服务性业务收入征收的，即对销售应税劳务、无形资产或不动产的单位和个人取得营业收入征收的一种税。

税率，为房地产销售收入、营业收入（房地产出租和中介服务收入）的5％计征。

（另，教育附加：国家为筹集教育经费而征收的一种附加费。依营业税额为计费依据，不论纳税人所在地址，税率均为2％）。

7. 固定资产投资方向调节税

在中国境内进行固定资产投资的单位或个人，对其用于固定资产投资的各种资金征收的一种特别税收。

计税依据，是实际完成投资额。

税率，采取差别比例税率。

（1）国家急需项目投资　　0

（2）能源交通项目投资　　5％

（3）单位修建、购买普通性住宅投资　　5％

（4）更新改造投资　　10％

　　　其他　　　　　　15％

（5）楼堂馆所及国家严格限制发展项目　　30％

8. 城市维护建设税

城市维护建设税是随同增值税、营业税附征，并专项用于城市维护建设的一种地方附加税。

征税范围：城市、县城、建制镇、工矿区。

征税依据：在征税范围内，以纳税人实际缴纳的增值税、营业税额为纳税依据。

税率，分为三档：

（1）纳税人所在地为市区，税率为7％。

（2）纳税人所在地为建制镇，税率为5％。

（3）纳税人所在地不在市区、县城或建制镇的税率为1％。

9. 所得税

所得税是国家对企业和个人的生产经营所得和其他所得征收的一种税。所得税分为三种：

（1）企业所得税，是在我国境内，除外商投资企业、外国企业以外的各类企业，就其生产经营所得和其他所得征收的一种税。

税率为 33%（3 万元以下的为 18%、3～10 万元的为 27%）

所得税的计算公式：

应纳税额＝收入总额－成本、费用及损失±税收调整项目金额

所得额（年实现利润净值）＝经营收入－成本＋营业外收入－税金 $\left\{\begin{array}{l}\text{营业税}\\ \text{维护税}\\ \text{房产税}\end{array}\right.$

纯利×（基本税率 30%＋附征地方税 3%）＝所得税额

（2）外商和外国企业所得税。以外商和外国企业生产经营所得为征税对象。

对在中国境内未设机构、场所、企业来源于中国境内各种所得按 20% 税率。

另，对外商投资企业、外企实行地区优惠、行业优惠、再投资退税优惠、弥补亏损优惠等优惠政策。

（3）个人所得税。工薪所得适用 5%～45% 九级超额累进税率。

个体工商户的生产、经营所得和对企、事业单位承包经营所得，适用 5%～35% 五级超额累进税率等。

10. 印花税

征税对象为在我国境内、书立、领受有关合同、产权转移书据、权利证明等凭证的单位和个人。特点是：征收面广、税负轻、自行完税。

税率：

（1）商品房购销合同，按金额 3/万

（2）产权转移书据或合同，按金额 5/万

（3）租赁合同，按金额 1‰

（4）建筑工程承包合同，按金额 3/万

（5）银行贷款合同，按金额 0.5/万

（6）建工勘查设计合同，按金额 5‰

（7）土地使用证、房地产证每件 5 元。

（三）税收的减免

1. 房产税的减免

房产税的纳税义务人是产权所有人：承典人、或使用人。

免征房地产税的房产，有事业单位、社会团体的自用房产、宗祠寺庙和个人使用的非营业性用房，其中大量的是民用住宅。住房制度改革当中个人购买公有旧住宅也免征房产税。

2. 契税的减免

契约订立之后形成价格流动的，除征收 6% 的契税外，还需加征 3% 的管理费（买方负担 1.8%，卖方负担 1.2%）。

免征契税的房产有住房制度改革过程中向个人出售公产新旧住宅，个人赠给社会团体、学校、机关的房产，享受国家补贴的团体、国营企事业单位。合作社购买、承典受赠和交换的房地产均免征契税。

3. 营业税的减免

营业税是对有营业收入的工商企业的经营收入所征收的一种税。纳税义务人相当广泛。凡将土地使用权转让给农业生产者用于农业生产的，免征营业税。

4. 所得税的减免

所得税是对收益的课税。根据国发（1984）123 号文件精神，经县以上（含县）建委批准新组建的具有法人地位、独立经营、自负盈亏，并专门从事对城市土地、房屋实行综合开发的城市综合开发公司，从办理工商营业执照之日起三年内免征规定的各项业务收入的国有企业所得税。

原有施工企业从事城市综合开发，不享受（1984）123 号规定的免税待遇，一律照章缴纳国有企业所得税。

"三资"房地产开发企业所得税在开始 5 年内前二年免征后三年减半征收。

5. 城镇土地使用税的减免

城镇土地使用税，是国家按照使用土地的等级和数量，对城镇范围内的土地使用者征收的一种税，城镇土地使用税的减免范围为：

（1）国家机关、人民团体、军队用的土地；

（2）由国家财政部门拨付事业经费的单位自用的土地；

（3）宗教、寺庙、公园、名胜古迹自用的土地；

（4）市政街道、广场、绿化地带等公共用地；

（5）直接用于农、林、牧、渔业生产的土地。

（6）经批准填海开山整治的土地和改造的废弃土地免交 5～10 年的土地使用税。

（7）由财政部另行规定的能源、交通、水利设施用地和其他用地。

（三）对违反税法行为的处罚

1. 对漏税的处罚

由税务机关令漏税者限期补交所漏税款。逾期未缴的，从漏税之日起，按日加收所欠税款 5％的滞纳金。

2. 对欠税的处罚

对欠税者，税务机关除令其限期补缴所欠税款外，还从滞纳之日起，按日加收所欠税款 5％的滞纳金。

3. 对偷税者的处罚

税务机关除令其限期照章补缴所偷税款外，并处以所偷税款五倍以下的罚款。

4. 对抗税者的处罚

对抗税者，税务机关除令其限期照章补缴税款和处以所抗税款五倍以下的罚款外，还可以根据纳税人的具体情况，加罚 5 万元以下的罚款。

偷税、抗税情节严重、触犯刑律的，由司法机关依法追究其刑事责任。

六、加强行政管理，培育和完善房地产市场机制

在社会主义市场经济体制下，房地产行业必须转轨变型，向产业化、市场化转化，并建立起具有中国特色的社会主义房地产市场体系，因而必须做到以下几点：

市场是房地产经济的起基础性作用的调节者，要建立起配套发展的房地产市场体系。

企业是市场的主体，必须加速塑造具有生机活力的、参与市场竞争的、独立经营的房

地产企业。

价格是市场竞争的锐利武器，要有以价值为基础，由供需形成的房地产价格机制，以调节供需，发挥资源配置作用。

国家是市场的宏观调控者，要运用行政手段、经济手段和法律手段规范和引导房地产市场行为向健康、有序的方向发展。

总之，要健全房地产市场的运行机制，必须充分调动各方面的积极性，发挥国家、地方、企业和个人的力量，形成巨大的合力，使房地产业在社会主义市场经济发展的进程中真正成为国民经济的支柱行业。

思 考 题

1. 城市房地产市场的含义、基本要素和机制是什么？房地产市场的功能是什么？
2. 城市房地产市场的特点和形式是什么？
3. 城市房地产市场管理的方针和原则是什么？
4. 房地产价格申报制度和价格评估制度的内容是什么？
5. 房地产买卖合同与租赁合同有何区别？

第八章 行 业 管 理

　　城市房地产行业管理是政府房地产行政机关对城市房地产全行业的宏观管理。房地产行业是国民经济的重要组成部分，房地产管理的各项方针政策都必须以行业为基础贯彻实施，特别是在当前，我国社会主义市场经济体制的建立，从根本上规定了房地产经济的发展方向，在新的形势下，以公有制为基础的各种所有制、各种类型的房地产企业相继出现，并不断发展壮大，活跃了市场经济，在城市建设中发挥了重要作用。为了正确引导房地产行业的健康成长，国家房地产行政机关要加强宏观调控，规范房地产市场行为和企业行为，促进房地产行业的发展，逐步形成国民经济的支柱行业。

第一节　房地产行业概述

一、房地产行业的概念

　　（一）房地产行业的含义

　　行业，是从事同一种类经济活动的企业和个人的总称。

　　房地产行业是由从事房地产开发建设、经营管理和综合服务等单位所组成的产业部门。

　　房地产行业的内涵广泛，包括：土地开发、房屋建设、维修管理、土地使用权划拨、有偿出让、转让、房屋所有权的买卖、租赁、房地产抵押、修缮装饰、信息科研、中介咨询综合服务、房地产市场以及房地产再生产等各环节的经济组织，形成一个互相联系的整体。

　　房地产行业从所有制形式来看，是由国家、集体、公私合营、中外合资和个体经营等五种经济形式组成，其中国有经济占主导地位，集体经济是重要的组成部分，公私合营、中外合资企业占有相当重要的地位，个体经济是补充部分。各自发挥着不同的作用。

　　房地产行业是城市建设的先导行业。在城市建设中积极发展房地产行业，对于促进生产力的发展，对于实现我国的四化建设具有重要意义。

　　房地产行业是一个独立的产业。

　　我国国民经济将产业划分为：第一产业是农业；第二产业是工业和建筑业；第三产业是除此以外的其他各业，主要包括流通部门、为生产和生活服务的部门、为提高科学文化水平和居民素质的部门。为社会公共需要服务的部门，如党政机关团体等均属第三产业之列。

　　房地产行业范围的大小，在当今世界各国之间有不同的认识。特别是房地产业和建筑业的关系密不可分，二者是否属于同一行业，世界各国规定颇不一致。在一些经济发达的国家，房地产业包括建筑业在内，因为房地产本身就是生产和流通的统一体。但是在我国，建筑业一直作为物质生产部门对待，属于第二产业部门；而房地产业则兼有生产、经营、管理和服务的性质，介乎于第二产业和第三产业之间，以第三产业为主的产业部门。故房地产业不包括建筑业在内，根据我国颁发的《国民经济行业分类和代码》把经济行业分为十三个门类，把建筑业列为第四类，房地产业列为第七类。（联合国《国标标准行业分类》把经济行业分为十类，建筑业列为第五类，房地产业列为第八类）。但是不论何种分类方法都承认房地产业是一个独立的产业。研究房地产行业管理，应该从二者的密切关系出发，联系起来探讨，才能正确理解房地产行业结构和运行机制。

（二）房地产行业的劳动产品和管理对象

房地产行业的劳动产品和管理对象是土地和联结在土地上的房屋建筑，即房地产。城市房地产是房地产开发、建设的物质生产过程的产品。不言而喻，房屋是用于交换的劳动产品，即商品。自然状态的土地虽然不是劳动产品，但是提供城市建筑用地都经过了人类劳动加工进行开发和再开发，凝聚了大量的物化劳动和活劳动，因而使城市土地成了劳动产品。也具有商品属性。不仅如此，由于土地开发成果具有扩延效应，使相邻的土地也提高了使用价值，认识这一点对房地产的开发经营具有重要意义。

（三）房地产行业的内部结构

房地产行业的内部结构是由密切相关的业务要素组成，主要包括以下几个方面：

1. 房地产开发

房地产开发分为地产开发、房产开发和房地产综合开发等形式，是房地产商品生产的主要方式。

2. 房地产经营

包括城市土地使用权有期有偿出让、转让和划拨；房屋买卖、租赁、住房互换以及房地产抵押等活动，是房地产商品流通的主要方式。

3. 房地产市场

是房地产商品交换的场所和房地产商品交换关系的总和。为开展市场自由竞争提供客观条件，必须建立起固定的交易场所，理顺流通秩序，对房地产经营企业中介等机构和参与交换的个人进行资质管理，开展政策、法律咨询，信息服务，交易中介，价格评估，税收管理等工作，提供有关服务。

4. 房地产金融

是房地产业发展的后盾。由于房地产的价值大，使用期限长等特点，需通过融资，开办抵押贷款等方式进行支持，并逐步建立起房地产专业的金融机构。

5. 房地产查勘鉴定、修缮养护和装饰

通过对房屋的维修养护、装饰服务等活动，充分发挥房屋的使用效能，改善居住条件和环境。

6. 居住小区物业管理综合服务

本着"统一经营、综合管理"的原则，解决产权多样化的矛盾。实行"专群"结合，修缮统筹，指导消费，为居民提供全方位服务，创造一个安适、方便、优美的生活环境。

7. 房地产科研和人才培养

房地产行业的发展有赖于房地产经济理论的指导和一整套房地产开发、经营和管理人才的实践活动，因而加强房地产经济理论的研究和培养房地产专业人才的任务是一项极为重要的基础性工作。

8. 房地产法制

房地产法制建设是房地产行业发展的保证，因而必须加强房地产立法和执法工作。

总之，房地产行业结构是一个系统工程，以上几个方面彼此之间密切联系，互相制约，形成一个有机的房地产行业的整体。

（四）房地产行业的运行机制

房地产行业的运行，包括生产、流通、消费三个主要过程，周而复始的循环，不断增值，使房地产业不断发展壮大。

1. 生产过程

指进行土地开发，城市基础设施和房屋建设，从而获得劳动产品的过程。

在这个过程中，符合资质条件的房地产开发企业与房地产管理部门通过协议、招标、拍卖等方式，取得一定期限的土地使用权，组织房地产开发和再开发活动。

2. 流通过程

指房地产作为商品进入市场，进行交易，以实现价值和使用价值的过程。

在房地产流通过程中，包括房屋的买卖、租赁、互换、抵押和土地使用权的让渡等形式。经营房地产交换活动的有房地产开发企业、房地产经营企业、房地产信托企业、换房服务部门和房地产中介服务部门等。与此同时，参与交换活动的房地产的产权单位和公民个人。随着住宅商品化的逐步实现，房地产产权人的交易活动将大幅度增长。

3. 消费过程

指房地产作为消费品转给使用者，成为生产和生活资料进行消费的过程。

在消费过程中，房地产管理部门和经营企业要指导消费，加强维修养护，延长房屋使用年限，保证使用安全，并提供各类服务，不断满足消费者的需要。在房屋寿命终了时，或因城市建设等原因被拆除时，房地产开发企业要进行房地产的再开发和再生产，开始新的循环。

二、房地产行业的地位和作用

（一）房地产行业的地位

房地产是城市的基础和实体，是人们必不可少的生产、生活的资料和要素。房地产经济是国民经济的重要组成部分，因而决定房地产行业占有重要地位。

1. 房地产行业是牵头行业，能带动和促进其他行业的发展

各行各业要生产、要发展，离不开土地、房屋。房地产行业的发展必将带动建材工业、建筑工业：钢铁、机械、水泥和其他工业的发展。当然，房地产行业的发展又受到整个社会发展水平，诸如规划设计、工程技术、建筑材料、冶金、能源、交通运输以及财政、税收、金融、信贷、市场供应等等各部门的制约，彼此之间互相影响，互相促进。因此，房地产行业的发展可以带动其他行业的发展，涉及范围非常广泛。

2. 房地产业与生产建设和人民居住生活关系密切

房屋的建设和经营服务质量与生产建设和人民的生活关系至为密切，房地产业经营质量直接影响着生产的提高和人民生活的安定，因而必须按经济规律办事，实现房屋生产和流通的良性循环。同时，在经营管理方面要讲求效益，提高服务质量，以促进生产，安定人民生活，发展大好形势。

3. 房地产业是吸收社会购买力的大产业

随着我国生产力的不断发展和人民生活水平的逐步提高,房屋的出售量将逐渐加大,从而可以加速回笼货币,并且能够引导消费结构朝着合理化方向发展。

（二）房地产行业的作用

房地产行业是发展城市经济的前提条件。房地产行业对于人类生产、生活起着极为重要的作用。

1. 从生产和流通领域来看,房地产业是城市经济建设的物质基础

各行各业的经济活动都必须以房地产作为主要的生产资料。一个城市的兴起,一个新区的建设,必须从土地开发开始,以房产开发建设为先行。因而,房地产业的发展对于整个城市经济的发展起着决定性的作用。

2. 从生活方面来看,住宅是人类生存的依托

住宅是劳动力再生产的重要条件,是人们生活不可离开的物质资料,是安居乐业的场所。而劳动力再生产又是社会生产不断发展的基本力量,人们的休养生息和繁衍后代又为生产提供了必要条件。

3. 房地产业具有持续发展的无限前景

随着生产的发展和人民生活水平的提高,住房不仅作为生活资料,而且会逐渐成为享受资料和发展资料,因而住宅的消费弹性是很大的。当前房屋供需矛盾比较突出,即使在一定的时期内,住房的供应也不会饱合,而且有着广阔的市场,有持续发展的无限前景。

4. 房地产业是其他产业部门发展的先导

房地产业的发展不仅为其他产业部门发展创造了条件,而且能直接带动其他产业部门的发展。如房地产开发需要大量的建筑材料,大量的劳动力,所以说房地产业是与建材工业、建筑业三位一体的产业部门,其中房地产业是龙头。

5. 房地产业可以成为为国民经济提供积累的重大行业之一

在一些经济发达国家,把建筑业（包括房地产业）作为发展国民经济的三大支柱之一,因为房地产是组织生产和流通的巨大物质基础。从我国当前情况来看,城市土地国有化以后,由于城市土地的有限性和建设需求迅速增长的矛盾,必然出现级差地租的迅速增长,而这些收益应该作为城市收入,上缴国家。同时,随着住房制度改革的不断深入进行和人们生产、生活的需要,城市房屋价格也在进行合理调整并日益增长,因而,房地产业的利润定会比其他行业有较大幅度的增加,故此,可以成为向国家提供大量积累的行业。

6. 房地产业的发展具有明显的社会效益和环境效益

房地产开发建设是物质文明和精神文明建设的统一。房地产是城市的载体,为城市物质文明建设提供基础,房地产的开发要合理布局,讲求美学,造成文明气氛。

同时房地产业的发展,新区开发和旧区改造,对城市布局进行合理调整,给人们生产、生活创造了更为美好、舒适的环境,改善了人们生存的条件。

第二节 我国房地产行业政策的确立

改革开放以来,我国房地产行业的发展,得益于土地使用制度的改革,房屋商品化政策和房地产综合开发三大政策的实施搞活了房地产业,焕发出生机活力。

一、土地有期有偿使用政策为房地产业的发展提供了最基本的保证

我国实行城市土地国有化，土地能否进入商品经济轨道，关键不在所有制，而在于使用制度。从以往实行单纯的行政划拨、无期无偿使用、不许转移的三无制度变为有期有偿使用允许转移的制度，是我国土地使用制度的根本改革，是一项大的政策。其理论依据是：

第一是土地所有权和使用权可以相分离的理论。在我国土地管理法已经用法律的形式固定下来。如土地管理法规定："国有土地可以依法确定给全民所有制单位使用；国有土地和集体所有土地可以依法确定给个人使用，……。"使用单位和个人只有使用权，国有土地所有权属于国家。

第二是马克思主义的地租理论。依据所有权和使用权可以分离的理论，这种分离在经济上的实现必然产生地租。马克思主义并没有否定在社会主义条件下可以收取地租。

实行土地使用权出让，实质就是土地出租，既要出租必然要规定租期。实行土地有偿使用，其实质就是国家向土地使用者收取地租，使国有土地使用权不仅在法律上，而且在经济上得到实现。国有土地使用权有期有偿使用，是国家财政收入的一个重要渠道，是国家管理土地的一个重要经济手段，也是房地产经营的一个重要方式。

进行房地产开发，土地是龙头，只有让土地进入市场流通，才能有房地产的开发和经营活动，所以说土地有期有偿使用政策为房地产业的发展提供了最基本的保证。

二、房屋商品化政策使房地产业的发展纳入社会主义市场经济的轨道

所谓商品，即用于交换的劳动产品。

长期以来我国实行的是产品经济，住房虽然是劳动产品，但不用于交换，而是实行低租分配办法，排斥了市场机制，使房屋供不应求，不能实现资金的良性循环，助长了不正之风，出现很多弊端。

房屋商品化就是要恢复房屋的商品属性。

实行住房商品化，房屋作为商品，具有价值和使用价值，应该通过市场交易活动得到最终实现。在进行房屋交换活动时要遵循价值规律，以商品的价值量为基础（商品的价值量是由生产商品的社会必要劳动时间决定的），投入房屋生产、流通和消费过程生产资料和管理资料都应得到物质补偿和价值补偿，以实现资金的良性循环和扩大再生产。房屋的分配和消费要遵循"商品——货币"的法则。同时，房屋的生产和经营要接受市场机制的调节作用。"住房商品化"是我国近年来的重大理论突破，对于指导住房制度改革适应社会主义市场经济要求具有重要意义。

三、住房制度改革是经济体制改革的重要组成部分，是房地产业发展的强大推动力

为了实现住房商品化的目标，十多年来，我国住房制度改革经过探索实践，逐步实现住房商品化和社会化，主要进行了以下三个方面的改革：

（1）允许和鼓励城镇居民购、建住房，改变单纯由国家投资建房渠道为"多渠道投资"。提高了个人在住房建设中的投资比重。

（2）向城镇职工出售公有新旧住房。住房作为商品，可以出租，也可以出售，这是住房商品化的必然趋势。

（3）调整公房租金。如上海市实行了"五位一体"的房改实施方案，包括推行公积金，提租发补贴、配房买债券、买房给优惠、建立房委会的措施。尤其是实行公积金制度，开辟了新的稳定的住宅资金渠道。

住房占城镇房屋一半左右，搞活这部分房屋就能有力地推动房地产业的发展，实现住房资金的良性循环。允许居民自建和购买住房，吸引大量消费资金用于住房支出，在资金运行中增值，实现扩大再生产，有利于开拓和培育房地产市场，促进房地产业的发展。

四、房地产综合开发是房地产生产方式的重大改革

房地产综合开发，其特点是"综合"、"配套"。即对地下设施进行综合建设，对住宅、工商业用房、文教卫生福利设施、园林绿化、道路交通以及其他公用设施进行配套建设。它反映了城市建设从零星分散的小生产方式向社会化大生产方式过渡。综合开发，我国是在统建住宅的方式上发展起来的。1980年12月9日国务院批转的《全国城市规划工作会议纪要》中肯定了实行综合开发的政策，是用经济办法管理城市建设的一项重要改革，并明确指出了综合开发的适用范围、工作内容以及资金来源等重大原则问题，是指导我国综合开发工作的基本依据。

事实证明，通过综合开发，我国的城市兴建了大量的住宅和各种用途的房屋，建设了一批城市基础设施，为城市提供大量资金，使城市面貌发生了显著的变化。

五、改革开放以来，我国房地产行业发展的成就

（一）城镇住宅建设稳步发展，居民居住条件有较大改善

"八五"期间，全国城镇住宅建设投资8543亿元，建成住宅10.5亿万 m²，有近1/4的居民迁入新居。1995年人均居住房面积达到7.9m²（居住面积），住房成套率为55%。5年共解决困难户近500万户，大城市已基本完成2m²以下的住房"解困"任务。安居工程已正式启动，住房合作社、集资建房有了很快发展，拓宽了住宅建设资金渠道，加大了个人投资建房比重，取得了良好的社会效益。

（二）健全了产权、产籍管理制度

"八五"期间，全国房屋清查换证工作基本结束，摸清了城镇房地产底数，并开展了房地产变更登记和验证工作，建立了产权登记工作秩序，提高了居民对房屋所有权的意识和对产权登记的公信力。通过房地产产权、产籍管理"创先达标"活动，保证了产权资料的及时性，准确性，为产权管理走向规范化、科学化、打下良好基础。

（三）房地产市场体系初步建立，并得到培育和发展

"八五"期间，房地产开发完成投资8400亿元，竣工商品房5.3亿 m²，销售商品房2.9亿 m²，销售金额达3524亿元。增量房地产的市场化程度逐渐提高，房地产的转让日益活跃，房地产的租赁、抵押活动有一定发展。与之相适应的房地产交易管理制度基本确立，房地产成交价格申报制度、房地产价格评估制度、商品房预售管理制度、房地产抵押登记制度以及房屋租赁登记备案制度的建立，为保护当事人合法权益，保证国家税收起到了积极作用。同时房地产中介服务体系不断发育，房地产咨询、中介、评估和代理业务有较快发展，房地产交易所建设水平有了提高，房地产固定市场的建立促进了市场流通，方便了群众，加强了市场管理。

"八五"期间，房地产业的发展一度"过热"，对社会经济带来不良影响，国家通过对房地产市场进行宏观调控，控制发展规模、调整结构，使房地产"投资热"增幅得到控制。

（四）实行住宅小区专业化、社会化管理，确立物业管理的新体制

"八五"期间，为了适应房地产管理体制改革和改善人民群众居住生活的需要，对新建住宅小区实行物业管理，确立了专业化、社会化、服务型经营性的房地产管理新体制。通过考评树立榜样，表彰优秀住宅小区，符合我国社会主义市场经济体制的物业管理新体制正在形成。

第三节　房地产行业管理

所谓房地产行业管理就是政府房地产行政机关运用行政手段、经济手段和法律手段等，并通过一定的组织形式，对房地产行业各种经济活动进行有效的指导和管理，促进各种经济形式的房地产企业加强横向联系，不断提高经济效益、社会效益和环境效益

一、房地产行业管理的依据

（一）房地产业是一个独立的产业部门

如前所述，房地产业是由房地产的生产、流通和服务的企业群体所组成，范围广泛、功能全面，不但为生产服务，还为人民生活服务，不仅为信息咨询业服务，还为各类技术服务业服务。

加快房地产业的发展，必须使其成为一个独立的产业部门。要有一批独立经营专门从事房地产业服务的企业，成为自主经营、自负盈亏、自我发展、自我约束的法人实体和市场竞争主体。

（二）房地产企业必须有自己的独立资金

房地产企业有自己的独立资金，这是房地产业独立的重要标志。房地产企业除自有资金外，可通过发行股票等形式或集资或向银行贷款，保证企业的简单再生产和扩大再生产，实现资金的良性循环。

（三）深化改革必须从转变政府职能入手

随着城市房地产经济的发展，上层建筑必须相应调整。转变政府职能，不能仅以精简机构代替职能转变，要把本来属于企业的权利无条件地交还企业，要实行政企分设、简政放权，变直接管理为间接管理。城市房地产行政管理机关要面向全社会，面向房地产全行业，负起统筹规划、组织协调、监督服务的责任，指导房地产业沿着社会主义的道路前进，发挥更大的作用。

二、房地产行业管理的任务和内容

（一）房地产行业管理的任务

1. 制定方针政策，指导房地产业健康发展。根据国民经济总的方针政策，研究制定房地产业发展的具体方针政策。如根据房屋的商品属性、制定房屋的商品化政策；根据社会主义市场经济原则制定在房屋建设中计划调节与市场调节相结合的政策；根据搞活流通的需要，制定发展多种经济形式和多种经营的政策；根据价值规律制定合理的价格体系，售

价与租价比价关系政策。总之，要根据房地产业全局的发展制定各项有关的方针政策。

2．根据房地产业发展的战略，制定房地产行业的发展规划。首先根据房地产业在国民经济中的战略地位，确定房地产业发展的战略、指导思想、战略目标、主攻方向、发展途径，制定房地产业的发展规划，然后根据生产能力，科研发展能力，国家、地方、企业和个人的承受能力，确定发展速度和建设规模。在此基础上制订年度计划，部署基本建设和旧区改造项目。然后再根据行业的发展目标，确定行业结构、产品结构，调整企业组织结构和企业部局。确定智力开发，人材培养各项目标和措施，确定技术进步，提高效益的各项指标等。采取相应措施，分年实施。

3．制定房地产业的经济、技术的法规，标准、办法，提高全行业的法制观念和管理水平，如对企业和个人进行技术资格和营业资格的审查，划等定级，确定承担的业务范围；统一制定房屋经营管理和修缮预算定额，各项标准等；研究制定各种法规和办法，实施细则等，以统一全行业的行为，坚持社会主义方向，使房地产行业牢固地建立在法制化的基础之上。

4．组织信息收集、分析，整理和发布，做好预测和决策。进行企业行为的监督和反馈，从而正确引导企业的生产、经营活动。

为了达到信息灵通，决策准确，要建立管理网络和信息网络，开展技术咨询，业务指导，为企业提供服务。

5．统筹协调重大科研项目和房地产理论研究，组织协作攻关，同时要做好全行业的人才预测和人才培训等工作。

6．监督服务是管理功能之一。从某种意义上说，管理本身就是监督。行之有效的管理要求有一个监督的网络系统和服务意识。监督和服务二者是相辅相成的，互相作用的，要把监督贯穿到管理的始终，把服务渗透到管理之中，以促进房地产行业整体功能的发挥，收到良好的效果。

（二）加强房地产企业管理

房地产企业是从事房地产经营活动的经济组织，主要有房地产开发公司、房地产经营公司和房屋修建公司、物业管理公司等。

一般地说，企业系指拥有一定的固定资产、流动资金，在国家计划指导下，实行自主经营，独立核算，具有相对独立经济利益的经济组织。房地产企业是房地产经营管理的基本环节和细胞，在房地产经济中处于十分重要的地位，政府对房地产企业要实行鼓励、限制和扶持的政策。即对合法经营者要给予鼓励和支持；对于单纯的为了盈利不顾损害国家和人民利益的活动加以限制；对于扰乱市场，破坏社会主义经济的违法活动要严厉打击。具体要求如下：

1．落实经济责任制

所谓经济责任制，就是企业在国家的计划指导下，以提高经济效益为目的的责、权、利密切结合的生产经营管理制度。

实行经济责任制主要抓好两个环节。一个环节是国家对于企业实行经济责任制，处理好国家和企业的关系，在分配方面，过去采取利润留成、盈余包干等办法，从1983年6月又普遍推行利改税的制度，以解决企业生产经营好坏一样的问题；另一个环节是建立企业内部的经济责任制，处理好企业和个人的关系，把每个岗位的责任、经济效益和职工的收人挂起勾来，实行全面经济核算，实行计分计奖、计件工资、超产奖、浮动工资等，以解决好职工干好干坏一个样的问题。以上前者是前提，后者是基础，两者互相依存，互相促进。

2. 科学地确定房地产企业的组织形式

企业的组织形式系指企业按照什么具体形式组织生产、经营和管理。从生产资料所有制形式可分为全民所有制企业、集体所有制企业、合资经营企业等；根据生产和经营房地产的集中程度可分为大型、中型和小型等三种形式。

合理的企业组织既可以保证经济发展的社会主义方向，又能充分发挥各种所有制的特点和优势互补，各得其所，促进房地产经济的发展。合理的企业组织形式，有利于把生产、分配、交换和消费的各个环节紧密地结合起来，保证社会主义再生产的顺利进行，有利于企业正确地组织生产经营活动，提高生产专业化协作水平，使企业的人力、物力、财力得到最有效的利用，提高经济效益，调动各方面的积极性，加速房地产经济现代化的进程。

目前，我国城市房地产企业，以全民所有制为主，实行三级管理体制。单位自管房屋多自设房管部门管理，随着房地产进入市场交易，产权多元化格局的形成，物业管理公司机构不断建立，预计不久的将来，将代替旧的管理模式发挥其应有的作用。

3. 提高企业素质

为了履行房地产企业对国家和社会的经济责任，出色地完成企业负担的任务，必须提高企业的素质。

所谓企业的素质，就是指企业能量大小的各种内在因素的综合。从静态分析，决定企业素质的主要因素有人员因素、技术因素和管理因素。

人员因素包括工人、科技人员、管理人员和领导班子的政治素质、业务和文化素质、身体素质等，是企业素质的决定因素。

技术素质是指企业的设备和技术基础，即企业生产水平的高低。

管理素质是指企业的决策水平和经营管理能力的高低。

企业素质还取决于它们相互作用的方式和有机结合的程度。

从动态分析，企业素质表现为企业生存与发展能力、信息反馈能力、满足社会需要与适应环境能力、改革创新能力、竞争能力等，总之，即集中表现为企业的生命力。

企业素质的好坏，最终反映在经济效益的高低上。提高企业素质要不断提高经营水平，节约资金，提高劳动生产率和盈利水平为目标，把企业生产经营活动转移到以经济效益为中心的轨道上来。

（三）房地产行业管理的内容

1. 加强组织管理

制定行业政策是加强行业管理的前提条件，行业政策是根据发展国民经济总方针制定的，重点要放在搞活流通方面以便带动全行业的发展。在此基础上，房地产行政机关对房地产行业要进行资格审查，所有从事房地产开发、经营的企业和个人，除照章在工商局申请领取营业执照后，一个月内必须在房地产管理机关进行登记，根据有关法规规定，对于符合条件者批准开业，扶持其发展；对于不具备条件的进行清理，并通知工商局吊销营业执照，通知银行不予开户，以保护合法经营，取缔非法活动。

除此之外，还要实行年检制度，对房地产企业开展业务基本情况、工作业绩、市场信誊、财务状况等进行检查。合格者准许继续经营，不合格者要进行整顿或不准继续营业。

2. 加强政策管理

随着房地产行业和房地产市场的形成和发展，要加强经济政策和技术政策的管理，建立和执行相应的经济法规，以确保各有关方面的合法权益。政府部门要从宏观角度，运用价格、税收、利润、信贷等经济杠杆，优先发展人民急需的各类房地产。对国家急需引进的项目，要从整体利益出发，规定必要的优惠待遇，以吸引外资。同时对设计标准、修缮标准，要根据不同需要，分档提出不同的要求，制定和实施有关的技术政策，在执行当中，遇到纠纷案件，先由地方房地产管理机关解决，解决不成时，再向法院起诉。

3. 加强计划管理

现阶段，我国正在建立社会主义市场经济的体制，多种经济形式的房地产企业发展起来以后，需要由城市房地产管理机关安排建房计划，保证城建规模与国家和社会的资金和物质供应能力基本适应，使房产供应与市场购买能力的需要基本平衡，把长远规划与年度建房计划结合起来，保证房屋有计划按比例的发展，把新区开发和旧区改造结合起来，加速城市建设；把营建商品房同解决困难户的工作结合起来，既出售又出租，不断改善人民居住条件。与此相适应，要求改革计划管理体制，改变把住宅作为基本建设非生产项目列入国民经济的老作法，把城市住宅及通用的非住宅发展，作为独立的产品项目列入国民经济计划，统一归口，下达给城市房地产主管机关组织实现，以克服当前计划管理的被动局面。

计划管理，对不同所有制企业要区别对待，对国有企业可实行指令性计划；对集体企业可实行指导性计划；对个体企业则实行市场调节。做到大的方面管好管住，小的方面，放开放活。

4. 加强房地产市场管理和价格管理

企业是市场的主体，各类房地产公司是房地产市场竞争的主体。要按照统一领导，分级管理的原则，加速塑造具有生机活力，参与市场，独立经营的多种形式的房地产企业。要充分发挥市场控制、市场调节功能，使供需趋向平衡。价格是市场竞争的锐利武器，由于房屋是短缺商品，导致市场有局限性，不能形成完全市场。表现为价格不合理，竞争不充分，生产与消费中间链条长，信息传送慢、公开化程度低，交易方式简单，市场秩序混乱，规章制度不健全等，长此以往，直接关系到房地产业的兴衰。因而房地产行政机关必须加强管理、调节和干预，建立预测和监控系统，稳定市场秩序，并根据国家的房地产价格政策，结合各地区的具体情况，由地方政府规定各地的具体的房地产买卖和租赁的各种价格，使房地产价格符合价值规律的要求，保护购销双方的利益。要防止和打击投机倒卖，哄抬物价，牟取暴利等非法活动。

5. 加强房地产企业的经营资质管理

房地产企业经营资质是指对房地产企业进行生产经营资格的审查和监督。由于房地产资源受到一定开发空间的限制，市场供应缺乏弹性，为了保证市场的健康发育，必须控制经营企业的规模和数量，并要保证一定的经营素质，达到规模经济的要求，使经营企业适应优胜劣汰的竞争。

房地产经营企业的类型，包括房地产开发企业和经营企业，如自产自销、代理包销等。房地产咨询中介服务的存在，是市场发展的客观需要，但是必须正确地引导和教育。

房地产企业的经营资质包括四个方面，就是必须拥有一定量的房地产品和资金、有独立的经营场所、有健全的组织机构、有明确的经营方向。

对房地产企业的资质管理主要是根据国家颁布的《城市房地产管理法》和有关规章文件进行。此外，要健全房地产基础资料建设，加强产权、产籍管理，并培养一批具有现代化管理知识的专门人才，也是振兴房地产业的一项根本性措施。

进行房地产行业管理总的目的，是为了使各种经济形式的房地产企业沿着社会主义方向，协调、健康地发展，做到管而不死，活而不乱。

四、房地产业的发展方向

房地产业的发展方向是：坚持改革、开拓经营、提高质量、搞好服务。

所谓坚持改革就是改革房地产的经济体制，理顺经济关系，把房地产业搞活，以适应经济建设和发展生产、生活的需要。所谓开拓经营就是以创业的精神开拓前进，从事土地开发、房屋建设、开拓多种经营，使房地产业发挥应有的作用，真正成为国民经济的支柱行业。所谓提高质量就是提高经营质量，提高技术水平和管理水平，实现管理的科学化和现代化。所谓搞好服务，就是端正服务态度，改进服务经营，搞好服务便民，提高服务质量，贯彻为生产建设，为人民居住生活服务的方针。

第四节　行业管理的组织形式

房地产行业管理是政府房地产主管机关的一项重要的工作。除在行政建制方面，需要由国家按照中央和地方分级设置房地产管理机关进行管理外，另一方面要组建房地产业协会，指导行业活动，达到管理的目的。

一、行　政　建　制

（一）房地产经济管理的体系

房地产经济管理组织的体系是由两个紧密联系，密切配合的子系统组成，一是行政管理系统，一是经济组织系统。

行政管理系统由中央、省（市、自治区）、县（市）各级政府中房地产管理部门组成。着重从房地产业发展战略、重大经济决策、经济科学、文化和社会的长远规划、规模和方向的控制，经济立法和司法、经济监督，服务以及各部门、各行业、各地区的规划，技术指导等方面来进行经济活动的宏观控制。

经济组织则是在中央统一领导下，各种类型，各种层次，经济区，行业，经济联合体，企业等组成，形成错综复杂的经济网络。

行政管理系统和经济组织系统，都是由中央统一领导的，不同性质的组织结构。行政管理系统主要采取行政命令的方法，从行政方针方面领导监督本部门、本地区的经济活动。经济组织则是由相互间的经济联系，主要通过经济手段来管理企业、联合体、经济区内的具体事务。两种组织系统密切结合，合理分工，各尽其责，共同对本地区经济进行决策。

（二）健全房地产行政管理机构

随着城市房地产业的形成和发展，城市房地产行政机关，必须摆脱直接管理公产房屋的小天地，面向社会、面向房地产全行业，加强社会管理和行业管理，采取行政、经济和法律以及思想教育等手段相结合的管理方法，形成一套新的管理机制，建立一套完整的操作规程，实行精兵简政，减少层次，缩短流程，畅通无阻，作到分工明确，适才适用，逐级授权，分层负责，密切协作的行政系统管理网络。发挥统筹规划，组织协调和监督服务的职能。同时要加强调查研究，及时提供信息，促进协调发展。加强房地产经济立法，保护合法经营和合理收益；制止投机行为，坚持社会主义方向，发挥行政管理的重大作用。

二、房 地 产 业 协 会

组织房地产业协会的形式，把所有从事房地产开发、经营、服务、房屋修建和物业管理等各种企业纳入协会中来，互通信息，实行协作，开展竞争，促进发展。通过协会贯彻国家有关房地产政策，通过协会开展咨询，进行培训、交流和推广新技术和管理科学。房地产行业管理是房地产行政机关的本职，是主要任务之一。协会是房地产管理机关和企业之间的桥梁和纽带，是政府的助手和参谋机构。房地产行政机关可以委托其做某些工作，但决不意味着放弃管理，但对协会应办的事情也不应包办。

我国由房地产业联合发起组建的房地产业协会，改变了只有部门管理，没有行业管理的状况。目前除组建了全国性的房地产业协会外，还组建了沿海城市房地产业协会和地方性的房地产业协会。

（一）房地产业协会的性质

房地产业协会是由同行业的企业，即从事房地产业开发经营、管理的单位自愿组成的行业组织，是社会经济团体。房地产业协会的组建以行业为前题，不受部门和地区的限制，也不受所有制的限制。

房地产业协会不是一级行政管理机构，不采用行政手段进行活动，而是通过民主协商，协调一致的原则为同行业企业服务。房地产业协会又不同于经济实体，它不以盈利为目的，而是为企业的共同利益服务，推动本行业的经济不断发展和技术水平不断提高。

（二）房地产业协会的任务

房地产业协会要围绕党和政府的总任务、总目标，以提高经济效益为中心，全面贯彻房地产有关的方针、政策，在政府、房地产行政机关和企业之间起中介作用，传达政府的政策、意图，反映企业的要求、意见，积极协助企业和房地产全行业解决存在的问题。房地产业协会的主要任务是开展调查研究，探讨城市房地产业的发展方向，向政府部门提出本行业发展的经济、技术政策和制定行业规划的建议。提出本行业各项定额、标准，以及技术和业务管理的行规行约，提出有关经济方面的建议，维护会员合法权益。协调本行业间和不同行业之间的经济合作、技术合作和在竞争中发生的问题，推动技术进步和管理水平的提高，在遇到问题时，促进形成统一的立场。积极开展咨询服务，提供技术经济情报和市场信息，组织经验交流和技术指导。采取多种形式为企业培训技术人才和管理人才，提高业务和技术水平。以非官方形式与国内、外同行业的民间组织开展经济和技术等方面的合作交流活动，承办政府部门及其他团体委托交办的事项，并开展有益于本行业的其他活动。

（三）房地产业协会的组建

房地产业协会按照自愿参加、平等互利的原则组成，不是采取行政命令和行政手段组建的。房地产业协会有明确的章程、宗旨、任务以及会员的权利和义务。协会的会员，是依法取得工商登记执照的企业以及有关科研、设计、院校等单位。

（四）房地产业协会与政府的关系

房地产业协会是政府房地产行政机关的参谋和助手，在业务上受政府的指导。政府要支持协会独立地开展业务活动，并为协会开展工作提供方便。

思 考 题

1. 城市房地产行业的性质、地位和作用是什么？
2. 城市房地产行业管理的任务是什么？
3. 城市房地产行业管理的形式是什么？
4. 房地产业协会的性质、组建原则和作用是什么？

第九章　房地产行政管理体制

城市房地产行政管理体制对房地产管理的效能有直接的联系。房地产行政组织是上层建筑的一个组成部分，是在一定的经济基础上建立起来的，因而必须适应经济基础的要求，并为经济基础服务。随着我国社会主义市场经济体制的建立，房地产管理体制也必然随之调整改革和完善，这是一个长期、连续不断前进的过程，也是社会发展的必然趋势。

第一节　房地产行政管理体制确立的意义和依据

一、房地产行政管理体制确立的意义

1. 房地产行政管理体制的含义

房地产行政管理体制是在社会主义房地产经济管理的过程中，经济关系制度化的表现形式。它是一个统一的有机联系的整体，包括生产、流通、消费各个过程的管理体制，是中央与地方各级房地产行政机关组织机构的设置、决策权限、指挥系统、调节机制、监督方法等各种制度的总和。

依据系统理论，房地产行政管理是一个系统，其内部分工是它的子系统，对于外部来说，它又是社会系统的子系统。行政管理系统与其内部和外部系统之间具有复杂的有序性。房地产行政活动和管理体制是在一定的经济、政治环境下形成和发展的，必然要受经济、政治环境的影响和制约，因此，必须依据上层建筑要适应经济基础的要求，调整生产关系，不断地自我完善，以促进生产力的发展。

2. 房地产管理体制确立的意义

(1) 房地产行政管理体制既包括房地产行政机关纵向的领导与被领导之间的关系，也包括与其他机关、单位之间的横向关系。由于国家各种事务在实际执行当中情况复杂，不可能由单一的部门来完成，在管理体制方面如果职权划分不清，必然造成权责不明，互相扯皮，调节机制失灵，行政效率低下等弊端。所以职权划分是房地产行政管理体制的重要问题之一。

(2) 房地产行政机关是政府房地产行政的职能部门。政府管理公务，必须建立组织，并且通过组织系统正确完整地贯彻执行国家的意志，发挥行政职能作用。没有行政机构的设置或机构设置不合理、不科学，便没有正确的行政管理，也没有行政效率可言，因而，必须完善行政管理体制。

(3) 房地产行政管理体制的确立，使房地产行政机构的设置、组织结构、职权划分以及运行机制实现制度化和法制化，进而为在实施中做到公开化和透明度打下基础。

二、房地产行政管理体制确立的依据

（一）房地产行政管理体制确立必须同房地产经济体制相适应

房地产经济体制是房地产经济关系和经济组织管理制度的统称，包括房地产企业所有制形式，房地产再生产的计划管理体制、流通体制、价格体制以及财政金融信息体制等。房地产行政管理体制是房地产经济体制的组成部分，是政府专业部门的管理体制，因此，必须与房地产经济体制相适应，并随经济体制改革而改革。

（二）房地产行政管理要同社会化大生产的发展相适应

社会化大生产的要求，一方面是社会分工的日益扩大，专业化生产日益增多，经济实体更富有积极性、主动性；另一方面要求经济联合日益发展，生产协作日益增强，使整个的经济活动更富有协调性、一致性。因此，房地产行政体制的设立要以促进房地产的社会化分工和协作为出发点，既要实现行业统一的协调和综合平衡，又要保证各个经济组织的自主权利。

（三）房地产行政管理体制的确立，必须与社会主义市场经济体制相适应

我国社会主义经济是在公有制基础上的社会主义市场经济，它既不同于产品经济，也不同于完全的市场经济，而是表现为计划调节与市场调节的有机结合。因而房地产行政管理体制必须依据经济特征的要求，把计划调节的科学性与自觉地运用市场调节的灵活性有机地结合起来，促进房地产经济的健康发展，以实现房地产行政管理的目标。

（四）房地产行政管理体制的确立，必须与房产和地产之间的内在联系相适应

房地产在法律上称为不动产，房产和地产为同一行业，在自然形态和社会经济关系方面密不可分，所以，必须以此作为划分职权的依据。

（五）房地产行政管理体制的确立要同我国国情相适应

房地产管理体制的建立要从我国国情出发。我国是个大国，又是发展中国家。有12亿多人口，其中有8亿多农民，有丰富的自然资源，有优越的社会主义制度，有马克思主义理论培育下成长起来的管理人员和技术人员队伍，建立了比较完整的国民经济体系。但是我国人口多，底子薄，经济、文化发展不平衡，社会主义市场经济体制初步建立，并有待于进一步巩固和完善。因此，房地产行政管理体制的建立，要随着经济体制改革的进程逐步完善以充分体现中国的特色。

三、房地产管理体制中的经济关系

（一）中央与地方的关系

为了适当划分中央与地方的职权，对城市房地产经济的管理，实行统一领导、分级管理的原则。在宏观上必须强调统一领导，严格控制，如房地产业的方针政策、规划计划和主要的房地产法规，必须由中央制定，集中管理。由于我国地域辽阔，人口众多，具体情况各异，房地产管理的地区性很强，地方房地产行政机关应有因地制宜的权限，在中央统一的方针政策、法律法规的指导下有根据具体情况灵活掌握执行的权利。

在经济利益分配上，要兼顾中央和地方，长期和近期相结合。由于房地产经济多属地方性的，所以必须照顾到地方的利益，逐步实现良性循环，以便为中央和地方财政创造更多的收入。

（二）国家与企业的关系

国有地方企业是在国家方针政策、规划计划统一指导下的责、权、利相结合的经济实体。企业与政府的关系主要表现为：

（1）明确企业和政府各自承担的责任。企业必须搞好经营活动，以满足社会主义经济建设和不断改善人民居住生活，实现良好的经济效益、社会效益和环境效益，房地产行政机关必须坚持政企分开，并为企业创造良好的外部环境。

（2）保证企业经济实体的地位，尊重企业的经营自主权，在分配方面，克服行政性的摊派行为。

（3）正确处理政府对企业的双重身份关系。在分配上采取利税并存、双渠分流的办法，以体现政府既作为政权的代表，又是国有房地产的所有者的双重身份。既要保证企业必要的经济利益，又要防止资金截留的倾向。

四、正确划分城市房地产管理和土地管理的职权和分工

城市房地产行政管理与城市土地管理的关系非常密切，当前我国大部分城市分别由两个部门负责，对于"地产"管理出现职权界限不清，互相重叠，互相干扰和矛盾，如不解决必然要影响行政效率。

土地管理是指对全国城乡土地权属关系的调整及合理组织土地资源的利用。在城市中要维护城市土地的国家所有制，合理利用极为珍贵的土地资源，保护土地的生态平衡。具体任务是进行土地调查与评价，地权地籍的宏观管理，土地利用的动态监测，制定土地利用规划等。

城市房地产行政管理是指对城市的房屋和作为房屋载体的建筑地段的管理，房地相连，密不可分，管理职权不能割裂。管理目的是发展房地产经济，实现良性循环，为社会主义经济建设和人民居住生活服务，具体体现对房地产资产的管理（即产权、产籍的确认和变更），市场管理（即在流通过程中，对交易、价格、税收、金融、信息等的调控）和行业管理等。

由此可见，土地管理和房地产行政管理，虽然都涉及城市土地的管理问题，但前者是对城市土地资源的管理，属于宏观管理；后者是对城市土地经济利用的管理，属于对经营活动的管理，应根据管理性质的不同，划分两者的职权。

最近国内一些城市，如北京、上海、深圳等城市参照历史和国外管理体制情况，已把房地产行政管理和土地管理两个部门合并在一起，初步解决了互相扯皮的矛盾，并为国内城市做出了榜样。

第二节　房地产行政组织

城市房地产行政组织是国家政权机关中组织管理房地产工作的职能部门。包括行政组织机构管理功能运行机制和管理人员的意志、素质等有机结合的整体。

政府为了对各部门、各单位和公民有关房地产经济活动进行有效地管理，必须通过适当的组织形式才能实现，所以建立有效的行政组织是房地产行政管理重要的内容之一。

一、城市房地产行政组织的性质、职能和任务

城市房地产行政组织是国家为了管理好城市房地产经济事务而组成的一定结构的系统。它对从事共同工作的结构进行有系统的安排，对所有工作人员进行任务、职责与职权的分配，分工合作，形成一个有机的整体，使各部分和全体有着一致而有效的关系。虽然它的各个构成部分都有特殊的个性和功能，但部分的个性和功能必须为一个共同的目标而工作。

二、城市房地产行政组织的特征

1. 目的性

房地产行政组织是统治阶级实现意志的工具，是统治权力的一种组织形式，我国是社会主义国家，也就决定了我国房地产行政组织具有为劳动人民服务的性质。

2. 适应性

房地产行政组织属于上层建筑，要与经济基础相适应，它为了适应环境的影响，保持组织的功能与社会环境间的动态平衡，必须具有高度的适应性。

3. 体系性

房地产行政组织作为管理国家、行使政权的组织，从中央到地方设立房地产行政机关，并按照有关规定，结成上下隶属，密切配合的层阶式组织体系，以确保国家行政权力的正常运行。

4. 约束性

房地产行政组织在房地产管理方面，执行国家宪法和法律，有规定各单位和人们行为的权力，贯彻房地产行政管理法规，采取行政措施，拥有行政手段，实行指挥活动。在房地产管理事务方面，对于各级行政组织，人民团体，企业事业单位和全体人民具有普遍的约束力，并以国家强制力作为后盾，保证实施。

综上所述，城市房地产行政组织，就其性质来说，隶属职能机关，在各级人民政府的领导下，负责组织和管理房地产方面的行政事务，它是根据行政管理的需要，按法定程序经过批准成立的，是领导机关的职能部门。如：建设部房地产业司和地方城市房地产管理局，区房地产管理局等。职能机关对上必须执行领导机关的决定和指示，对下要领导和在业务上指导相应的行政机关部门的工作。根据业务需要并且可以设置有关的工作机构。

三、房地产行政组织构成的要素

房地产行政组织是对房地产再生产各个环节、对人、财，物和信息的有机组合。它发挥调节功能作用，以达到行政管理的目标。形成有效的房地产行政组织的要素是：

（一）职能目标

职能目标是房地产行政管理机构设置的依据。因而房地产行政组织首要的任务是要有明确的职能目标，才能自觉地、有计划有步骤地开展行政管理活动。

（二）机构设置

机构设置是房地产行政组织的核心，是行政权力的载体，是实现行政目标的关键因素。

（三）职责和职权的分配

房地产行政组织是一个职权和职责结合的体系，为了完成行政管理任务，对于系统之间和系统内部，必须进行职权和职责的分配，做到既不重叠，又不要留有空白，特别是对集权和分权要考虑适度，要简政放权，又不要一律推出不管。

（四）职位配置和人员结构

房地产行政机构内部的职位、职级和职责等的设立，要根据行政目标和任务的要求，不能因人设事，对于行政人员的配备，要根据政治和业务素质进行安排。

（五）管理方式和运行程序

房地产行政组织，在管理活动的进行中，要确立管理的方式方法，设置合理的运行程序，按照制度规定，方法步骤办理公务，以达到减少中间环节，提高行政效率的目的。

（六）行政法规

房地产行政组织必须有健全的法律规范和科学的章程制度，以做到依法行政，实现房地产行政组织的科学化、法制化建设。

四、房地产行政组织建设的原则

党的十一届三中全会以来，党中央、国务院根据社会主义现代化建设的需要，提出要把我国各级政府建设成为机构精干，工作效能高，密切联系群众，很少官僚习气的政权组织。因而房地产行政组织的建设必须遵循以下原则：

（一）精干的原则

房地产行政组织的建设要贯彻精简、统一、效能、节约和反对官僚主义五项原则。

（二）整体效能的原则

房地产行政组织在实施国家行政管理职能的动态过程中，必须不断加强其整体效能，以保证其结构的可靠性和组织的有效性。在行政组织中要求各部门，各单位密切协调，职责明确，运转自如，指挥统一。

（三）管理幅度和层次合理配置的原则

房地产行政组织管理层次设置要适当。负责人最佳管理幅度，即下属单位和人员不能超出有效指挥限度。

（四）职权相称的原则

房地产行政机关内部每个职位有专人负责、各司其职，并要责权相称，奖罚分明。

（五）协调一致的原则

房地产行政机关要求组织之间、人员之间上下级沟通，左右联系，工作协调，步调一致，以顺利完成共同任务。

（六）信息反馈的原则

房地产行政组织，上级发出指示、决定等决策，在监督机关有效监督下，下级机关执行情况和结果通过反馈到上级领导机关，以便补充修定原来决策，进一步更好地贯彻执行。

（七）适应性的原则

房地产行政组织要与社会经济体制相适应，同时要具有伸缩性和应变性，行政组织不能不定型，但也不能固定不变，既要保持相对的稳定性，又要不断改进，适时进行调整改革。

五、房地产行政管理体制

房地产行政组织结构是指构成行政组织各要素的排列组合方式。

房地产行政组织的层次结构和部门结构，亦称纵向结构和横向结构。各级政府上下级之间，构成领导与服从的主从关系，即纵向结构。同级政府相互之间、部门之间，构成合作与协调的平行关系，即横向结构。

从工作部门在行政过程中的功能作用看，可分为决策部门（领导核心）、执行部门、监督部门和反馈部门，在行政组织中互相联系，形成系统，使行政过程不断运转，不断前进。

房地产行政组织体制

房地产行政组织体制是国家根据政治经济发展的需要，通过法定程序，将行政组织结构中各层次，各部门之间的行政关系制度化的表现形式，是保证国家行政管理整体效能的一个中心环节，目前房地产行政管理组织和全国一样，主要实行首长负责制。

首长负责制可做到职权集中、责任明确、行动迅速、效率较高。但是由于个人的知识有限、精力有限，必然以"众谋"作基础，如依靠智囊团，参谋部门和广大职工群众，并应充分发挥专家的集体智慧、力量和作用。

六、我国现行的房地产行政组织（见图9-1）

建设部房地产业司是全国最高房地产行政机关，其主要任务是组织领导，统筹规划，贯彻执行中央、国务院关于房地产管理的方针、政策、规划计划、法律法规，充分发挥宏观调控作用，对全国房地产的开发建设、流通、分配进行组织、指导和监督。

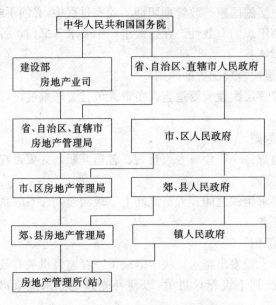

图9-1 我国房地产行政管理体制示意图

城市房地产管理机构基本属于直线结构型。但是机构设置并不完全相同，一般情况是：

1. 市房管局机关

（1）正副局长、总工程师、总会计师、总经济师。

（2）办公室（综合部门）。

（3）房政处（含地政处）：对公产、单位产、私产和土地进行统一管理。

（4）产权市场处：产权、地基、院地及市场管理。

（5）调配公用处：公用房屋经营管理、民用公房调配、置换、职工换房——下设房管所、换房总站。

（6）计划处：计划、统计、基建、工业生产、运输管理、经济技术指标管理。

（7）财务处：财务管理、取费标准、产品价格（另设审计部门）。

（8）人事处：干部管理、工资福利、人员分配。

（9）劳动处：劳动管理、定员定额、技术培训、纪律教育、工资奖励等。

（10）技术处：技术管理、质量管理、设计管理、科研、技改、环保等。

（11）安技处：安全生产、安全技术、劳保等。

（12）教育处：职工教育、组织管理等。

（13）保卫处：法制教育、安全防范、治安保卫、交通安全、监改劳教等。

（14）集体经济办公室：多种经营。

（15）调研室：围绕房地产中心工作进行调研，提出制订修改意见，负责房地产理论研究。

2. 区、县房地产管理机关

机构设置基本与市房地产管理机关类似。

第三节　改革行政管理组织

一、实现职能转换

中共中央《关于经济体制改革的决定》指出："政企职责分开，正确发挥政府机构管理的职能。"

党的十三大提出：改革的近期目标，是建立有利于提高效率，增强活力和调动多方面积极性的领导体制……。""进一步下放权力……"、"政府、企、事业单位的关系上要按照自主经营、自主管理的原则，将经营管理权下放到企、事业单位，逐步做到各单位的事情由各单位自己管，政府的责任是按照法律政策为企业服务，并进行监督。"、"……凡是规定下放到城市和企事业的权力，各中间层次一律不得截留。这是打破条块分割的重要措施。"在改革政府工作机构中指出："官僚主义现象严重存在，机构庞大臃肿，层次过多，职责不清，互相扯皮，也是产生官僚主义的重要原因。因此，必须下决心对政府工作机构自上而下地进行改革，要按照经济体制改革和政企分开的要求，合并裁减专业部门和综合部门内部的专业结构……。"适当加强决策、咨询和调节、监督、审计、信息部门。清理整顿所有行政性公司和近 30 年升格机构。撤销因人设事机构，裁减人浮于事部门的人员。

二、改革的基本原则

房地产行政组织机构设置必须做到分工合理，职责分明，机构精干，提高工作效率。重叠机构撤销，业务相近机构合并。要具体做到三个改变：

第一，改变过去按所有制不同关系，条块脱节分设机构的作法，实行所有权与经营权适当分开，按规模、类型设置经济机构。

第二，改变过去对生产和流通分而治之的作法，实行按不同行业和生产专业协作的特点，设置生产和流通统一管理机构。

第三，改变上下对口，造成机构臃肿的作法，实行按客观需要，适应现代化管理设置必要的经济职能机构。

三、房地产行政组织改革的主要内容

总的内容是：加强执行部门，健全监督部门，建立决策部门。

1. 加强行政管理部门，对国有房产，单位自有房产和私有房产、侨产、教产、外产以及城市土地等都要加强行政管理。

2. 调整综合管理部门。计划、财务、人事、劳动、工资、价格等综合管理部门要调整其工作职责、内容、范围、工作方式，充分发挥其职能作用。提高政府宏观控制调节能力，由直接管理转变为间接管理为主。

3. 精简专业管理部门。原有以政代企的机构应撤销，改变行政性的总公司，设立房地产开发公司以及房屋修建公司、装饰公司、合资、集资公司、技术咨询公司以及多种经营的单位等等，在大的方面要管好管住，小的方面要放开放活。

4. 健全监督检查部门。审计、法纪、保卫、信访、职工代表大会等应健全起来，发挥其作用。

5. 建立决策和咨询部门。应建立政策研究、咨询等智力参谋部门，为决策提供可靠依据。

此外，对科研单位、职工教育部门以及群众学术团体等，要给予必要的扶持和发展，讲求实际效益。

房地产业协会是房地产行政机关的参谋和助手，应帮助扶持其开展工作，促其起到政府和企业的桥梁及结合部的作用。

思 考 题

1. 城市房地产管理体制的含义和确立的依据是什么？
2. 城市房地产行政组织的性质、职能和任务是什么？
3. 城市房地产行政组织构成的要素是什么？
4. 城市房地产行政组织改革的任务是什么？

第十章　房地产经济体制改革

城市房地产经济体制要贯彻执行中央关于经济体制改革的决定精神,深化自身的改革,调节房地产经济关系,实行房屋商品化,土地有期有偿使用和房地产综合开发,实现房地产经济的良性循环,从而建立起具有中国特色的、充满生机活力的社会主义房地产经济体制。

第一节　城市房地产经济体制概述

一、房地产经济体制

经济体制是组织管理经济活动的组织结构形式和方式方法,是一定社会经济关系制度化的表现形式,包括生产关系和上层建筑相联系部分的总称。是调整生产关系和生产力、上层建筑和经济基础之间的关系的一种结构制度,它取决于社会生产方式,体现了各种经济利益关系。经济体制是主客观相结合的产物,它经常表现为某种经济模式。如建国后,我国实行的产品经济模式;在当前经济体制改革的进程中,正在建立的社会主义市场经济模式。由于上层建筑要适应经济基础并为经济基础服务,社会主义经济体制改革是社会主义制度的自我完善,是一个长期的连续不断的过程。

房地产经济体制,包括房地产的生产、流通和消费环节,有关的计划、投资、建设、流通、分配、价格、税收等体制,组成一个相互联系的有机的整体。

二、旧的房地产经济体制的特点和存在的弊端

房地产经济由于过去实行的是产品经济模式,高度集中的计划经济体制表现为房地产实行供给制。把房地产作为社会资源,由国家统建统分,这在建国初期确实起到一定作用,随着社会主义建设事业的发展,国家经营房地产以政代企,下达指令性计划,对于地产长期实行无偿无期分配制度,住房则实行低租分配制度,排斥房地产市场机制,否认市场对资源合理配置的作用。这种产品经济模式,违反价值规律,有很多弊端。

(一)违背房地产(经济)属性和价值规律,不能形成资金的良性循环

1. 否认房地产商品属性,把房地产排除在商品经济以外,无视价值规律的作用。

2. 价格扭曲,低租金,福利制,不仅不反映价值,也不反映供需关系。住房供不应求,租金反而一再降低,刺激需求,加剧供需矛盾。同时靠行政命令分房,进行实物分配,造成苦乐不均,助长了不正之风。

(二)违背生产关系适应生产力性质的规律,制约了生产力的发展

旧的房地产经济体制是产品经济模式,与我国社会主义初级阶段极不适应。产品经济只有在物质生产极大丰富,人们思想觉悟极大提高,到了共产主义社会才能实现。过去住

房靠国家包，不但包不下来，反而使生产力受到制约，一直到 1985 年城镇缺房户仍占总居民户的 26.5%，成为严重的社会问题。

（三）管理体制、组织结构不顺，政企不分，房地产企业不能成为市场主体

1. 旧体制房地产绝大多数为国有，国家所有权，经营权混在一起，一切按行政命令办事，房地产经营部门不是经济实体，构不成市场主体。

2. 国有企业包办职工住房，形成企业办社会，占用大量人、财、物，分散企业精力，影响了企业活力。

3. 房地产行政管理部门管理微观化，该管的没管，不该管的抓着不放，脱离实际，办事效率低下。

出现以上问题的原因是：

（1）在理论方面，对城市房地产商品属性认识不清，对当前我国是社会主义初级阶段（应实行社会主义市场经济）缺乏认识，无视价值规律的作用，排斥市场机制。低租金不能"以租养房"只能"以租养人"，靠财政补贴，加速房屋耗损破坏；在财务制度方面，实行统收统支，不搞核算，不计盈亏，房管部门吃国家的大锅饭，职工吃企业的大锅饭，干好干坏一个样，压抑了企业和职工的积极性。

（2）在所有制方面，强调一大二公，主张实行单一的全民所有制，对多种经济成份，特别是对私人房屋采取限制和排斥的政策，不能发挥私有房产在城市建设中的积极作用。

（3）在管理体制上，政企不分，以政代企，使房地产行政机关陷于事务，削弱了对社会的宏观管理作用，使房地产企业成了机关的附属物。同时，市、区双重领导条块分割牵扯精力，影响工作效率，使社会主义制度不能充分发挥其优越性。

旧的房地产经济体制严重地阻碍了房地产经济的发展，改革势在必行。

第二节　房地产经济体制改革的目标和任务

房地产经济体制改革的目标是把旧的计划经济体制、产品经济模式建立的房地产经济，改革为适合于社会主义市场经济体制，商品经济模式的房地产经济新体制。改革的任务主要有以下几个方面：

一、改革行政管理体制

实行政企分开，简政放权，转变职能，实现宏观调控。调整内部结构和精简人员，实行公务员制，建立一个功能齐全，结构合理，运转协调，灵活高效的房地产行政管理体系。

二、按照所有权和经营权分离的原则，搞活国有房地产企业

实行所有权和经营权分离，把经营权真正交给房地产企业使其成为自主经营、自负盈亏，自我发展的经济实体。

实行所有权和经营权分离，要运用法律手段，以契约形式确定国家与房地产企业之间的责、权、利关系。完善房地产企业内部各种经济责任制，整顿劳动纪律，严格科学管理，注意发挥职工的积极性和创造性，使领导和群众形成相互依靠、密切合作的新型关系。

三、促进房地产业横向联合发展

横向经济联合是社会化大生产，专业化分工和社会主义市场经济发展的必然趋势。要坚决抛弃过去自我封闭的自然经济观念，改变大而全、小而全的落后状态。实行全方位开放，促进人、财、物、资源技术各种生产要素合理流动，重新组合，坚持扬长避短，形式多样，互惠互利，共同发展。

四、建立和培育社会主义房地产市场，并形成体系

社会主义房地产市场体系，包括房屋买卖、租赁和使用等商品市场，也包括劳务、资金、技术、信息等市场。目前土地市场的初步形成，城市土地有期有偿使用制度逐步推行，已经有了良好的开端。

社会主义房地产市场必然是竞争和开放的，由于当前房地产市场不够规范，存在着一定问题，必须加强法制建设。

房地产市场机制的核心是价格机制，必须积极稳妥地贯彻价格政策，理顺价格构成要素，使房地产价格大体符合价值，同时要充分考虑人民居住生活条件的改善，随着生产的发展逐步提高人民生活水平。

五、在房地产以公有制为主体的前提下，发展多种所有制经济

当前，我国处在社会主义初级阶段，从所有制结构来看，城市土地属于国有，城市房屋以公有制为主体，发展多种所有制经济，是我国社会主义经济发展的需要，尤其是私有住宅，属于生活资料，更不宜强调一律搞公有制。

作为房地产企业，公有制本身也有多种形式，如国有、集体、全民和集体联合，以及地区、部门互相参股的公有制企业。

扶持私营房地产经济在一定程度上的发展，有利于促进生产、活跃市场、扩大就业，有助于解决住房紧张问题。在社会主义条件下，私营房地产经济必然同占优势的公有制经济相联系，并受公有制经济的巨大影响。

六、分配方式实行以按劳分配为主体的多种分配方式和正确的分配政策

以按劳分配为主体，其他分配方式为补充。

房地产开发经营企业发行债券，筹集资金，建房出售出租，就会出现股份分红。私营企业雇工劳动，给业主带来部分非劳动收入。所有这些，只要合法，就应允许。

七、改革传统的房屋管理体制，实行小区管理，加强物业管理

要把新建小区的管理工作提到重要位置上来。要逐步转换机制推行专业管理，实行有偿服务的责、权、利关系。要加强物业管理公司的指导与管理。物业公司要接受当地房地产管理部门及住宅小区所在地人民政府的指导与监督，物业管理合同和小区管理办法要报当地人民政府房地产行政管理部门备案。各级房地产管理部门要指导物业管理公司，通过建立健全管理制度，规范管理工作，提高管理水平。确保物业管理单位以优质、高效、规范的服务树立起良好的形象。

八、实行住房制度改革，实现住房商品化

住房制度改革是经济体制改革的重要组成部分。在经济上和政治上都具有重要意义。

1. 住房制度改革的意义。我国现行住房制度存在严重弊端，由于长期以来实行的"福利制、低租金、国家包、大锅饭"的制度，刺激了不合理的需求，住房分配不公正，国家大量投资建房，住房困难不仅没有缓解，反而形成苦乐不均，成了严重社会问题。住房制度改革，不仅可以正确引导，调节消费，促进消费结构合理，也有利于纠正不正之风。

2. 住房制度改革的目标。是按照社会主义市场经济的要求实现住房商品化。从改革公房低租金入手，将原来的实物分配，逐步改变为货币分配，由住户通过商品交换，取得住房的所有权和使用权，使住房商品进入消费品市场，实行资金的良性循环，从而走出一条既利于解决城镇住房问题，又能促进房地产业发展的路子。

3. 住房制度改革的内容

根据第三次全国房改工作会议决定：

（1）把住房建设投资由国家、单位统包的体制改变为国家、单位、个人三者合理负担的体制。

（2）把各单位负责建设、分配、维修、管理住房的体制改变为社会化、专业化运行体制。

（3）把住房实物分配的方式改变为按劳分配为主的货币分配方式。

（4）建立以中低收入家庭为对象的商品房供应体系，建立住房公积金制度。

（5）发展住房金融和住房保险，建立政策性，商品性并存的信贷体系。

（6）建立规范化房地产市场，逐步实现房地产资金良性循环，促进房地产业的发展。

住房制度改革的近期任务是全面推行公积金制度，积极推进租金改革，稳步出售公有住房，大力发展房地产交易市场，到本世纪末建立起新的住房制度，使城镇居民住房达到小康水平。

九、实行国有土地使用制度改革

1. 土地使用制度改革是我国经济体制改革的重要组成部分。有期有偿使用土地，是管理好土地，促进集约合理利用土地的经济手段。我国《城市房地产管理法》规定，我国土地使用制度由过去单纯的无期无偿使用制度改为有期有偿使用土地和无偿划拨土地使用权两种制度并存的双轨制，并限制无偿划拨土地的范围，除城市基础设施，公用设施和公益事业用地，国家重点建设的能源、交通、国防和农业水利工程用地以及市人民政府批准的其他用地外，均要通过办理有偿出让方式取得土地使用权。

坚持有期有偿使用土地除有利于集约合理使用土地外，还有利于政府财政收入，有利于城市建设和社会主义建设事业的发展。

我国传统的城市土地使用制度，概括地说，是对土地实行土地划拨，无偿无期使用，禁止土地使用权转移的制度。这种制度有许多弊端：

（1）不利于土地的有效利用及合理配置。

（2）不利于公平竞争。

（3）不利于城市经济的发展和城市建设资金良性循环。

（4）不利于廉政建设，也是产生官僚主义的温床。

2. 城市土地使用制度改革是在逐步进行的，表现在五个方面

（1）征收土地使用费。始于 80 年代初，针对中外合营企业，以后由深圳等城市先后推行。

（2）开展土地使用权有偿出让转让，1987 年在深圳试点，以后全国推广。

（3）制定地方性的土地使用权有偿出让转让法规，如广州、海南、厦门、天津等先后制定了有关法规。

（4）修改《宪法》和《中华人民共和国土地管理法》，1988 年 4 月 11 日，七届全国人大一次会议，通过《中华人民共和国宪法修正案》，删去了不得出租土地的规定，改为土地使用权可以依照法律规定转让。同年 12 月 29 日《中华人民共和国土地管理法》也作了相应修改。

（5）1990 年 5 月 19 日，国务院发布了《中华人民共和国城镇国有土地使用权出让和转让暂行条例》，1994 年 7 月 5 日颁布《中华人民共和国城市房地产管理法》第三条规定，国家依法实行国有土地有偿有限期使用制度。但是，国家在本法规定的范围内划拨国有土地使用权的除外。即明确实行国有土地有偿有限期使用和行政划拨并存的双轨制。

第三节　实现房地产管理的现代化，
加速培养房地产经济专业人才

全国人大八届四次会议，在"八五"计划胜利完成之际，及时地提出新的战斗目标，"关于制定国民经济和社会发展'九五'计划和 2010 年远景目标纲要"，即在"九五"期间，全面完成现代化建设的第二步战略部署，到 2000 年，实现人均国民生产总值比 1980 年翻两番，人民生活达到小康水平，初步建立社会主义市场经济体制；到 2010 年，实现国民生产总值比 2000 年翻一番，使人民的小康生活更加宽裕，形成比较完善的社会主义市场经济体制。

房地产经济体制改革必须与国民经济和社会发展"九五"计划和 2010 年远景目标相适应，以保证国民经济建设的宏伟目标胜利实现。

一、实现房地产管理现代化

党的十一届三中全会和五届人大二次会议决定，从 1979 年起把全党的工作着重点转移到社会主义现代化建设上来，在本世纪末实现农业、工业、国防和科学技术的现代化，把我国建设成为社会主义现代化强国。这是关系到我们国家命运的战略决策，体现了我国历史发展进程的客观要求，反映了全国各族人民的迫切愿望。只有实现社会主义四个现代化，才能从根本上改变我国经济和技术的落后面貌，在生产迅速发展的基础上，提高人民物质文化生活水平，并为将来实现共产主义伟大理想创造条件。

社会主义四个现代化，要求房地产管理工作必须实现现代化。

现代化在不同的时期有不同的内容。随着科学技术的发展，管理现代化的进程将不断发展，因而管理现代化的内容也是不断发展变化的。

房地产管理部门，由于长期实行的政企不分的管理办法，管理的水平很低。因此房地

产管理的现代化，只能以比较低的水平为起点，不断地进行变革，逐步地达到当代的先进水平。什么是房地产管理现代化呢？房地产管理现代化主要包括：管理思想的民主化、管理体制的高效化、管理方法的科学化和管理人才的专业化。

（一）管理思想的民主化

随着社会主义四个现代化的发展，房地产管理部门也要向现代化发展。长期以来，房地产管理部门是按预算外事业单位性质管理的。在管理方法上，基本上还是运用传统的管理方法。实现房地产管理的现代化，则必须建立在科学的基础上。要建立科学管理，必须以房地产经济理论作指导，充分认识房屋的商品属性。克服按事业性质管理和传统观念，建立新的现代化的管理思想。

管理思想现代化的主要标志是民主化。要管好现代化的房地产部门，必须提高人的思想，调动人的积极性，把挖掘人的潜力，放在首要位置。管理思想民主化，最主要的就是要真正承认职工群众的主人翁地位及其管理的权力，并做到经常化、制度化。

科学地进行管理。对于这样一种社会主义性质的社会化的大生产的商品流通，必须有一种与它相适应的新的思想来指导，才能实现房地产管理的现代化。为此，在管理内容上要作相应的转变，即：要从事业型管理转向经营型管理，要从执行性管理转向决策性管理；要从行政办法管理转向行政与经济、法律相结合的办法管理；要从手工业化管理转向自动化的管理。对这些转变，首先要从思想上、组织上予以充分重视。

（二）管理体制的高效化

现代化管理要求管理机构的设置和管理人员的配备都要以提高工作效率，精兵简政为原则，面向基层，为基层服务，尽量减少管理机构的层次，改变机构臃肿，人浮于事的局面，使指挥路线尽量地缩短。其次，实行科学分工，明确职责，实行权力和责任的统一。根据房地产管理部门内外情况，合理地选择管理组织的有效形式。如果没有这种适合现代化房地产经营管理要求的体制，就是配备了先进的科学技术装备，采用了最先进的科学管理方法和管理手段，也会由于管理体制不合理，管理效率不高达不到预期的效果。

（三）管理方法的科学化

管理科学化，就是要使各项管理工作都符合客观规律要求，而要符合客观规律要求的管理，就必须要及时地掌握精确的数据。并要求运用现代化科学技术成果，如用统筹方法、系统分析、线性规划等方法，解决管理方面的问题，用它进行预测和决策，研究经济效益的问题，找到为达到一定目标应采取的最有效的利用人力、物力、财力的方案，为制定决策目标找到科学的根据。破除小生产的习惯势力，克服简单、凭经验管理的落后的方法，以适应生产力发展的需要。

（四）管理手段的现代化

管理手段现代化的主要标志是自动化。管理手段或管理工具现代化。最主要的就是要采用电子计算机来管理。由于电脑具有计算快、计算准、能储存、能判断等等特点。在房地产经营和管理中也已开始使用，用于换房业务，用于编制工程预算，用于财产资料的存储，在财务会计方面也在研究用其进行财务报告和分析，计算工资等等。采用电子计算机是管理手段发展的方向，必须有计划地培养一批使用电脑的"软件"人才，创造应用电子计算机的各种条件是十分必要的。

（五）跨世纪房地产管理专业人才的培养

160

有了科学的管理方法和手段，没有相应的管理人才是不行的。随着房地产管理的现代化的发展，对管理人才的质量要求越来越高。跨世纪的专业人才要求采用新的工作方法，掌握科学知识和管理技术。既需要有社会科学知识，又需要掌握高等数学、建筑学和电子计算机等自然科学方面的基本知识，并熟练地使用电子计算机。既使具备了这些科学知识和管理技术的人员，随着现代科学技术的迅速发展，原来的技术和技能也将很快的陈旧和老化。因此，随着房地产管理现代化的发展，必须采取多形式培养提高广大干部和职工的理论水平，科学水平和管理水平。这是实现房地产管理现代化的重要条件。

实现房地产管理人员的专业化，还必须保持管理人员的相对稳定，因为专业化的管理知识和技术需要积累经验。管理人员不稳定，经常调动，流动性大，就会影响管理人员专业化程度的提高。保持管理人员的稳定性，是促进管理人员专业化的保证。

二、加快智力开发，培养房地产经济专业人才

（一）我国社会主义城市房地产经济的建立和专业队伍的形成

我国社会主义城市房地产经济，是新中国成立后开始建立起来的，40多年来，它随着社会主义经济建设的逐步壮大，现在已经成为我国国民经济一个重要组成部分，而且越来越显示了它的重要性。

住宅房屋是人们的生存资料，享受资料和发展资料，即重要的消费资料，是劳动力再生产必不可少的条件，是脑力劳动者的重要工作条件。住宅问题不仅关系到发挥劳动者的积极性，也会影响经济建设的发展和社会的安定团结。非住宅房屋包括工业生产用房、商业营业用房、行政事业单位办公用房等，是重要的生产资料和发展资料，直接影响到社会主义经济建设。城市房屋既是物质生产所必须的生产资料，也是人民生活所必须的生活资料，城市房屋的生产、分配、交换、消费、构成一个独立的再生产体系。组织好社会主义城市房屋的再生产，不断满足经济和社会发展的需要，是社会主义基本经济规律的要求。组织城市房屋再生产的房地产业，可以促进建筑工业、建材工业、轻工业、化学工业的发展，它必将成为国民经济发展的支柱。

土地是人们生存和生产活动必需的基本物质条件，为城市的建设和发展提供基地。科学地利用城市土地资源，管理好城市土地，充分发挥城市土地的经济效益，将会促进经济的发展，更好地为现代化建设服务。

社会主义城市是经济、政治和文化中心，在国民经济上占有主要地位，在经济和社会发展中起着重大作用。而城市房屋又是城市的重要基础设施，所以城市房地产经济是国民经济赖以发展的重要物质基础，随着工农业生产的发展，人民收入的增加，人民生活不断提高，城市房地产市场潜力很大，前景广阔，对社会生产力的发展将起巨大的推动作用。

全国城市房地产经济战线，包括企业管房部门，干部、职工队伍据不完全统计约有400余万人，从事着城市房地产经济管理、维修养护和住宅建设工作，负担着直接为城市2亿多人口生产和生活服务的任务，在生产和消费两大领域，起着重要作用，已经形成了一个专业。

（二）培养房地产经济专业人才是现代化的需要

国民经济"九五"计划和2010年远景目标纲要赋予了城市房地产经济战线更为艰巨的任务。城市房地产经济的发展，关系到社会生产、人民生活和四化建设的战略目标，是振

兴国民经济的必要条件。

长期以来，由于对城市房地产经济在国民经济中的地位和作用认识不足，对城市房地产经济的基础理论和应用理论缺乏系统的研究，干部队伍的知识结构和专业结构很不合理，干部的素质不能适应客观形势的要求，数量也不能满足客观形势的需要。现代化建设任务，对城市房地产经济战线的干部提出了更高的要求，城市房地产经济工作者是在相当高深领域从事复杂工作的脑力劳动者，不仅要有高度的事业心和政治理论水平，而且要有较高的科学文化专业水平和管理能力。城市房地产经济工作不仅需要工科专业的房屋修建技术人才，也需要大量的经济专业的经营管理人才，在经营管理方面，不仅需要计划、统计、物资、劳动、财务等专业管理人才，更需要房地产经营管理专业人才。

城市房地产经济有相当高深的知识，是一个独立的知识体系，在基础理论方面，有很多专门问题需要深入研究，如以马克思主义政治经济学的基本原理为指导，来探讨城市房地产经济领域特有的客观规律。在城市房地产经济中，社会主义基本经济规律，价值规律等经济规律的具体表现形式和作用，城市房地产再生产的生产、流通、消费各个环节中各种经济现象、经济关系和发展规律。在城市房地产经济中生产关系如何适应生产力的发展，上层建筑如何适应经济基础的要求等等。

研究房地产经济活动过程中的矛盾运动及其规律性在企业管理中的作用，就是房地产企业管理学，它是一门管理科学。

此外，在基础理论方面，如：宏观经济学、房地产经济史、房地产经济思想史等。在应用理论方面，如：房地产统计学、房地产会计学、房地产行政管理学等。还有现代管理科学理论的应用。法学概论、民法、经济法、土地法、城市规划法、房地产法等法律基础知识。建筑结构、建筑施工等建筑基础知识。连同文化基础课和马列主义基础课等相关学科，这就构成了一个比较完整的专业学科体系（见图10-1）。

以上表明房地产行业是一个独立的行业。房地产经济，有它自己特有的规律，它有明确的研究对象，有一套完整的、系统的基础理论和应用理论，是社会科学的重要组成部分。今后随着经济和社会的发展，理论研究的深入，城市房地产经济内容将更加丰富。它是一门有广阔发展远景的学科。近几年在广大实际工作者和理论工作者的努力下，社会主义城市房地产经济学和房地产企业管理学正在建立。

（三）积极培养房地产经济专业人才

理论指导实践，过去由于对城市房地产经济理论研究的不够，对客观规律缺乏深刻的认识，在工作中没有按照经济规律办事，造成很多失误，今后我们必须在马克思主义的指导下，掌握系统的基础理论和专业知识才能很好地完成任务。

实现四化建设的战略目标，当前主要是为2010年经济振兴和发展打好基础，积蓄力量，创造条件。首先打好教育的基础，开发智力，培养人才。城市房地产经济战线为了实现战略目标，同样在2010年必须形成一支在数量上能满足发展需要，在质量上能掌握马克思主义基础理论，具有房地产管理经济专业知识和现代科学技术，并有解决实际问题能力的专业四化建设干部队伍，才能适应现代化建设任务的需要，这是关系到能否实现党的总任务的重大问题。

党的十二大将教育和科学列为战略重点之一。科学既有自然科学，也包括社会科学。教育既有国民教育，也有职业教育。培养城市房地产经济专业人才，既要依靠教育部门，更迫切需要自己动手，开展职业教育。在专业方面应该有多种专业，培养房地产管理、房地产修建技术、房地产企业管理，物业管理，修建企业管理等各种专业人才。同时还要培养多层次的人才，既有从事基层房地产工作的初级专业人才，也有从事一个地区，一个部门房地产工作的中、高级专业人才，使职业教育形成一个完整的体系，以适应发展的需要。

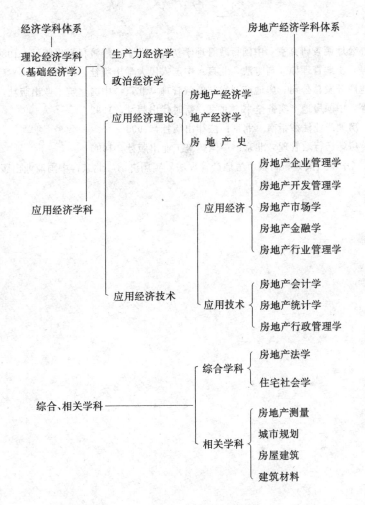

图 10-1　房地产经济学科体系图

近几年来，房地产管理系统职工教育有了很大的发展，接受大、中专教育的人数越来越多。一些大专院校已经建立起房地产经济专业，建设部所属武汉、重庆、苏州等城建学院起到重要作用，一些城市筹建了职工大学，很多城市成立了职工中专和普通中专，速度发展很快，取得一定成绩。

思　考　题

1. 改革开放前我国房地产经济体制的特点和弊端是什么？

2. 城市房地产经济体制改革的主要任务是什么？

3. 如何实现房地产管理的现代化？

4. 房地产经济学科体系包括哪些专业学科？

参 考 文 献

1. 国务院办公厅调查研究室·中国行政管理学初探·北京：经济科学出版社，1984
2. 林增杰等·土地管理原理与方法·北京：中国人民大学出版社，1986
3. 中国房地产开发总公司·房地产开发与经营管理·北京：中国建筑工业出版社，1990
4. 汤树华等·中国房地产实务全书·北京：新时代出版社，1992
5. 杨炳芝·房地产业法律指南·北京：法律出版社，1993
6. 孟广中·房地产行政管理·北京：中国建筑工业出版社，1990
7. 房维廉·《中华人民共和国城市房地产管理法》实用讲话·北京：中国商业出版社，1994